NOUVELLE

THÉORIE-PRATIQUE D'ÉQUITATION.

NOUVELLE THÉORIE-PRATIQUE D'ÉQUITATION.

Par P.-E. LAFOSSE, hippiatre;

Auteur de plusieurs ouvrages; ci-devant inspecteur général en chef des remontes de la cavalerie.

Aplomb, action, réunion.

PARIS,

Chez SAMSON fils, Libraire pour l'éducation, les arts et les langues étrangères, quai Voltaire, n° 5;
DELAUNAY, Libraire, au Palais-Royal.

1819.

NOTE

DES OUVRAGES DE L'AUTEUR.

Dissertation sur la morve des chevaux: Avril 1761, *in*-12.

Le Guide du Maréchal. 1766, *in*-4°. Toutes les éditions au-dessous de ce format sont autant de contrefaçons tronquées, remplies de fautes, et souvent d'omissions intentionnelles.

Les Clavicules du cheval, représentant en deux planches gravées, l'une l'anatomie, ou l'hippotomie, l'autre les maladies des chevaux. Sur papier grand-aigle 1768.

Le Cours d'hippiatrique, format grand *in-folio*, papier du nom de Jésus. 1772.

Le Dictionnaire d'hippiatrique, 1 vol. *in*-8°. 1775. Toutes les éditions en 2 vol. sont autant de contrefaçons, et ont eu le même sort que *le Guide du Maréchal.*

Le Manuel d'hippiatrique, renfermant le catéchisme du maréchal, *in*-12, 3e édition, 1778.

Observations et découvertes d'hippiatrique, lues à l'académie des sciences et arts et autres sociétés savantes. An 9.

PRÉAMBULE.

J'AI exposé dans le *Guide du Maréchal* les études que j'ai faites pour pouvoir m'adonner à l'anatomie du cheval. Ce fut sous le célèbre docteur Ferrein, professeur d'anatomie humaine et de pathologie, que je m'appliquai tellement à la dissection, qu'en moins de deux ans je fis les fonctions de prevôt de son amphithéâtre, et que je lui préparais pour ses leçons toutes les pièces dont il avait besoin. Dans ce même temps j'assistais à l'Hôtel-Dieu, sous MM. Boudoux et Moreau, peu de temps sous le premier, il est vrai, mais deux ans et plus sous ce dernier; et je puis dire qu'il m'engagea plusieurs fois à continuer, en me promettant de me faire avoir le tablier dans son hôpital.

Ce fut sur la fin de ces derniers temps que j'entrai au manége du célèbre Dugas, où, pendant quinze mois environ, je suivis ses leçons de pratique. Sorti du manége, je m'adonnai à l'hippotomie, ce qui ne me fut pas difficile, pour anatomiser le cheval selon les vrais principes de la dissection, au point que tous les dimanches je donnais des leçons à la plus grande partie des maréchaux de Paris, soit dans mon cabinet zoologique, soit aux voiries de Vaugirard.

En 1757, je fus envoyé à l'armée, de la part du ministre de la guerre, pour y visiter quelques régiments de cavalerie, dont les chevaux étaient affectés d'écoulement par les narines, et quelques-uns soupçonnés de morve, etc. Je fus employé de suite, pendant toutes les autres campagnes, jusqu'à la paix, à suivre cette maladie.

En 1762, à la sollicitation de M. de Lubersac, commandant en second des chevau-légers de la garde du roi, résidant à Versailles, je me transportai les dimanches et fêtes pour instruire les jeunes gens de ce corps, sur la conformation extérieure du cheval, la dermologie, l'ostéologie et la myologie, relativement aux mouvements du cheval dans l'exercice de l'équitation.

Cette même année, je présentai à M. le maréchal duc de Choiseul un plan d'instruction pour les maréchaux experts des régiments montés, que j'avais précédemment donné à MM. du Muy et Monteynard. Ce duc, de qui j'étais déjà connu depuis long-temps, me rencontrant un jour à la poste de Meaux, me dit que le roi l'avait chargé d'établir une école de maréchallerie pour les régiments de cavalerie, et qu'il allait s'en occuper. Effectivement, en 1764, vers le mois de mars, il me dit qu'il avait trouvé deux places; l'une aux Invalides, et l'autre à l'Ecole Militaire, et qu'il présageait que ce serait à cette dernière.

Les choses en étaient là, lorsque M. Bertin fut nommé ministre; et comme la cour ne voulut pas changer l'ordre établi entre les départements des quatre autres ministres, on lui donna les écoles vétérinaires à établir, les voitures publiques, fiacres, et autres mouvements semblables, dont je parle à l'article de l'instruction des maréchaux vétérinaires. C'est du moment de la nomination de ce cinquième ministre qu'ont commencé mes premiers malheurs, par des calomnies sans fin, qui ont duré jusqu'au commencement de cette fatale révolution, mais qui ont recommencé deux ans après.

Le 27 septembre 1791, le sieur Miot père, chef du bureau des mouvements de la guerre, vint chez moi m'annoncer que sa majesté Louis XVI venait de me nommer inspecteur des remontes de la cavalerie, en ajoutant que j'étais responsable de la validité de ces mêmes remontes, et que j'eusse à porter la plus grande attention aux livraisons qui auraient été faites aux inspecteurs des dépôts qui étaient sous ma direction. Ce fut avec surprise qu'après avoir pris mes dispositions pour placer les employés qui devaient être sous mes ordres, j'appris qu'on m'avait donné trois collègues, avec la qualité d'inspecteurs généraux; et quelques jours après, nous vîmes arriver un maréchal de camp, comme inspecteur général en chef, lequel, sans aucune connaissance du cheval, faisait lui seul, en notre présence, les réceptions de chevaux que les marchands lui présentaient.

Ma responsabilité m'inquiétant beaucoup, et de plus, voyant avec douleur des remontes aussi mauvaises, je crus devoir en avertir le ministre qui, lui-même, avait déjà reçu des plaintes de plusieurs régiments; cela fit que je reçus l'ordre de me rendre à Paris.

C'est alors qu'en plein conseil je lus un mémoire sur l'administration des remontes, mémoire dont j'attendais le résultat; mais le ministre donna sa démission, et les choses allèrent leur train comme de coutume, ce qui m'obligea de donner la mienne.

Je restai donc chez moi très-satisfait de pouvoir suivre mes travaux, lorsqu'un mois après je reçus une lettre du bureau de la guerre, qui m'annonçait que j'étais nommé inspecteur général en chef, en remplacement du maréchal de camp, démissionnaire. J'ai toujours ignoré, et j'ignore encore à qui j'ai eu l'obligation de me faire nommer à cette place; car je puis le dire, je n'ai jamais sollicité aucune place lucrative, ni par mémoires, ni verbalement; mon ambition n'ayant été de tout temps que d'être attaché à des sociétés savantes.

Je ne puis me dispenser de dire que pendant l'exercice de ces deux places j'ai été contrarié et calomnié sourdement, n'étant averti de rien, si ce n'est qu'un principal commis de bureau m'engagea à voir souvent le ministre, et que ce serait le seul moyen d'anéantir la cabale que des gens que j'avais placés dans les remontes avaient formée contre moi, et lesquels, par leurs calomnies, tendaient à avoir ma place. Ce qui a arrêté les manœuvres de ces gens-là, c'est qu'il y a eu en un an trois ministres, ce qui n'a pas peu aidé ces calomniateurs à jouer leurs rôles.

En septembre 1793, il plut au ministre, d'après les perpétuelles dénonciations qu'on lui faisait de ma personne, de former un comité des remontes, ce qui anéantissait ma place. Je restai donc membre de ce comité. En conséquence, je ne me mêlai que de donner ma voix, et les choses, comme on pense bien, n'allaient pas mieux, surtout ayant pour collègues un ancien prieur des Chartreux, un perruquier, un ancien valet-de-chambre, et un aboyeur de carrefours qui ne vivait qu'en contrefaisant le cri de plusieurs animaux, surtout celui des chats. Ce qui m'étonna, ce fut de voir entrer dans ce comité distingué deux anciens élèves d'Alfort, en carmagnole et en bonnet rouge, en un mot, en grand costume, et assister à toute la séance, debout, sans rien demander, sans qu'on pût savoir le sujet qui les avait amenés. Comme le projet était de me perdre et que la chose était difficile à exécuter, ils répandirent le bruit dans les bureaux du ministre que j'avais touché dans les caisses de mes dépôts des remontes, ce qui détermina le ministre à écrire aux inspecteurs de ces dépôts. Toutes les réponses furent pour la négative. Au contraire, ils mandèrent qu'à ma première tournée dans mes dépôts, j'avais avancé de mes propres fonds, à tous les inspecteurs ou commandants de dépôts, de l'argent dont ils manquaient entièrement, parce qu'aucun commissaire des guerres n'avait reçu ordre d'en donner, de sorte qu'il y avait de grands murmures parmi les palfreniers. J'ai encore en main pour plus de mille écus de billets qui ne m'ont pas été remboursés par les contrôleurs des dépôts, vraisemblablement parce que j'étais incarcéré. J'appris que deux de ces calomniateurs engagèrent deux commandants de dépôts à avancer qu'effectivement j'avais touché de l'argent des caisses; mais ces commandants furent si indignés de cette proposition, qu'ils en écrivirent au ministre.

Hé bien, la cabale était si acharnée à provoquer ma destitution, qu'elle mit en avant un homme qui était distributeur de fourrages dans mon dépôt de Paris, et qui vint en pleine séance du comité me demander arrogamment, quoiqu'il n'en eût pas le droit, pourquoi j'avais employé un tel, qui avait émigré (ce qui était entièrement faux, et ce qui d'ailleurs ne me regardait pas.) Comme je le reçus fort mal, il s'en alla; et sur-le-champ trois membres de mon comité, tous trois mes calomniateurs, me dirent que je m'exposais beaucoup, parce que je venais d'insulter un membre du comité révolutionnaire que son comité venait d'envoyer, ce que j'ignorais, ne le connaissant que comme garçon tailleur et distributeur de fourrages de mon dépôt de Paris. Effectivement, le même jour, je fus arrêté à minuit et conduit à la Force, où je fus écroué comme suspect, et où je fus détenu onze mois et quatorze jours, ayant reçu ma lettre de mort la veille du jour mémorable de celle de l'assassin Robespierre.

NOUVELLE THÉORIE-PRATIQUE D'ÉQUITATION.

DES MOUVEMENTS.

DES MOUVEMENTS DU CHEVAL EN LIBERTÉ, ISOLÉ, ABANDONNÉ A LUI-MÊME.

Tous les auteurs qui ont écrit sur l'art de monter à cheval, ont donné indistinctement le nom d'*allure* à tous les mouvements que peut faire le cheval en liberté, ou à ceux que l'homme exige de lui; ils ont d'après cela distingué les allures en naturelles, défectueuses et artificielles.

Nous n'avons jamais vu ces deux dernières allures enseignées dans les manéges, encore moins les allures défectueuses qu'on rencontre journellement dans les chevaux des marchands de boeufs, des fermiers ou marchands forains. Ainsi nous n'avons donc à nous occuper que des allures naturelles.

Les allures naturelles sont le pas, le trot et le galop; cependant nous n'admettons que deux allures, qui sont le pas et le galop, le trot n'étant qu'un pas relevé et accéléré, puisque les mouvements sont les mêmes, et qu'ils s'exécutent en transtravat, c'est-à-dire, diagonalement.

DU PAS.

Le pas est le mouvement le plus lent et le moins relevé de toutes les allures; il s'exécute en quatre temps; c'est-à-dire, que les jambes s'élèvent tour-à-tour. Le cheval, dans cette allure, entame le chemin, du derrière comme du devant; du montoir comme du hors montoir, en raison de la position de ses jambes sur le sol; mais étant posés d'aplomb, la plus grande partie des chevaux entament du montoir préférablement, mais c'est toujours le devant qui se meut le premier.

Si le cheval part du montoir, la jambe de derrière du hors le montoir succède, ensuite l'autre de devant, et après celle-ci vient la quatrième qui lui est opposée, qui est derrière. Les quatre mouvements doivent être égaux entr'eux pour la durée, autrement il y a claudication ou vice de conformation, et c'est-à cette cadence seule qu'on reconnaît si le cheval est droit.

Comme chaque jambe ou chaque colonne soutient un quart de la pesanteur de la masse totale, le quart de celle qui est levée se jette sur sa voisine : par exemple, la jambe de devant du montoir étant levée, celle du hors montoir se trouve chargée de presque tout le poids que portait la jambe du montoir, ce qui fait, à bien dire, la moitié de la pesanteur du cheval; il en est de même de l'arrière-main, où, de perpendiculaire qu'était la jambe dans son repos, elle se porte obliquement sous le ventre, autant pour soulager sa voisine d'une partie de son poids que pour approcher du centre de gravité et faciliter les autres mouvements qui doivent se suivre d'une manière réglée.

Les auteurs de cavalerie ont distingué deux sortes de pas, mais le fait est qu'il n'y en a qu'un; le reste ne regarde et ne dépend que du plus ou moins de vitesse, ou de quelques mouvements plus ou moins trides, qu'il plaît au cavalier de lui donner.

Le mouvement du pas s'opère de cette manière : le cheval jette sa masse en avant, et par une légère inclinaison, pour faciliter le mouvement de progression; ensuite celle du derrière se porte en dedans du carré, et le plus près du centre de gravité, pour soutenir avec égalité les autres mouvements qui doivent s'ensuivre. Sans cette juste répartition, toute la masse du cheval serait chancelante, et quelquefois exposée à tomber, soit par une surprise, soit par un attouchement sensible. Il est aisé de concevoir que dans le premier mouvement que fait le cheval d'une de ses jambes de devant, l'opposée de derrière se porte en avant sous lui; les deux autres étant à terre, partagent également le corps du cheval, de manière que le centre de gravité règne dans toute la ligne horizontale, qui prend de la pointe de l'épaule à celle de la fesse. On entend bien aisément que le cheval, en changeant en transtravat de jambe, décrit un ><, formant les deux lignes diagonales; on appelle transtravat le transport opposé de deux jambes en avant.

Le cheval formera un pas plus ou moins allongé, en raison qu'il jètera sa masse en avant, ce qu'il fait par inclinaison, ou en baissant sa tête et son encolure : cela est si vrai, que les chevaux usés, fatigués ou trop chargés, tels que ceux de charettes, pour surmonter leur fardeau, sont obligés de baisser leur tête et l'encolure pour avancer. Ces sortes de chevaux s'appellent porte-bas.

Le cheval part indifféremment sur un pied comme sur un autre; mais s'il entame le chemin par une courbe, ou s'il décrit un cercle, ce sera toujours la jambe du dedans du cercle qui partira la première, surtout si le chemin que le cheval décrit est en pente. Ce premier mouvement se fait moelleusement et d'une manière tride; l'autre, sur laquelle se fait la chute est toujours roide, quoique ployée, et sert comme de soutien à la masse totale de l'animal.

DU TROT.

L'allure du trot est la même que celle du pas, quant à l'action des muscles; mais elle est différente en ce que dans cette allure le cheval meut deux jambes à la fois, une de devant et une de derrière, ce qui forme une ligne diagonale, ce que nous avons nommé en *transtravat*. Le cheval est déterminé au trot, ainsi qu'au pas, en portant sa masse plus ou moins en avant, selon qu'il veut embrasser du terrain, c'est-à-dire, former des mouvements plus allongés; car la vitesse ne s'opère que par la contraction multipliée des muscles. Dans cette allure, le poids de cette masse est soutenu par les deux jambes opposées; de manière que le cheval est toujours d'aplomb, et qu'il conserve son équilibre. On voit donc le cheval dans le trot, décrire comme le bipède, une ligne diagonale, ainsi que nous venons de le dire.

Nous allons terminer ce que nous avions à dire de ces deux allures, en faisant connaître les muscles qui meuvent les jambes, et dont nous serons obligés de parler en traitant de l'art de dresser un cheval.

Le cheval ne saurait déplacer une jambe, ce qui est un mouvement de relâchement dans d'autres parties, sans que sa congénère ou sa voisine n'entre en tension dans toute son étendue. Ces mouvements s'exécutent au moyen des muscles qui sont autant de leviers de différentes formes qui s'attachent aux os. Ceux qui remuent l'épaule ont leurs attaches fixes, ou leurs résistances au thorax ou poitrine, pour les jambes; ceux qui meuvent le bras ont leurs attaches à l'épaule ou omoplate; l'avant-bras au bras, ou l'humérus, etc, toujours au-dessus de l'os qui se meut. Il en est de même des jambes de derrière; les moteurs de la cuisse s'attachent au bassin, et de suite, comme aux jambes de devant.

Il est pour les jambes des muscles extenseurs, fléchisseurs, adducteurs, abducteurs, rotateurs, mais aucun abaisseur, excepté un de l'épaule. Pour ne pas ennuyer ceux qui ne connaissent pas la myologie, nous nous bornons à leur exposer la quantité de muscles qui meuvent les articulations.

DE LA JAMBE DE DEVANT.

L'épaule est mue sur la poitrine par six muscles, dont quatre releveurs, deux extenseurs, dont l'un porte en avant et l'autre en arrière.

Le bras, à raison de son articulation du genou avec l'épaule, en a douze ; trois releveurs, trois abaisseurs et rétracteurs, trois adducteurs et trois abducteurs; le bras se fléchit sur l'épaule en arrière.

L'avant-bras est fléchi et étendu par le moyen de sept muscles, dont deux fléchisseurs et deux extenseurs; l'avant-bras se fléchit sur le bras en devant.

Le genou a trois muscles, deux qui le fléchissent et un qui l'étend. Le genou se meut sur l'avant-bras : il en est de même de tout le reste de la jambe de devant, qui se ploye dans le même sens. Toutes ces flexions se remettent dans leur état naturel, sans se porter ni en avant, ni de côté, après leur mouvement de flexion.

Le canon a quatre muscles, un extenseur et trois fléchisséurs.

Le paturon en a trois, deux extenseurs et un fléchisseur.

L'os du pied, l'os de la navette ou de la noix, et l'os coronaire, enclavé dans le sabot, se mouvant ensemble, ont cinq muscles fléchisseurs et un extenseur.

DE LA JAMBE DE DERRIÈRE.

La cuisse est mue par le moyen de quatorze muscles, qui sont trois extenseurs, deux fléchisseurs, deux adducteurs, trois abducteurs et quatre rotateurs; ainsi la cuisse, en raison de la sphéricité du fémur, se meut en avant, en arrière, en dedans, en dehors, et tourne de dedans en dehors, et de dehors en dedans.

La jambe, improprement nommée, est cet os qui s'étend depuis le grasset jusqu'au jarret; elle est mue par douze muscles; trois extenseurs, un fléchisseur, quatre adducteurs et quatre abducteurs. La jambe ou tibia se fléchit sur la cuisse ou sur le grasset, dans la même direction que celle de devant, c'est-à-dire, que le devant se portant en dessous de la poitrine, celles de derrière se portent dessous le ventre pour s'approcher du centre de gravité.

Le jarret a quatre muscles, un fléchisseur et trois extenseurs.

Le canon est fléchi simplement par un seul muscle; lui et le jarret se meuvent en dessous du ventre ou abdomen.

Le paturon a trois muscles qui sont fléchisseurs; deux portent la jambe en arrière, le troisième la porte en avant, mais très-légèrement.

Le fanon, quoique peu essentiel pour l'homme de cheval, a deux petits muscles qui relèvent le fanon, que nous avons nommé *fanoniers*. L'os de la couronne, ou os coronaire, n'a qu'un seul muscle qui lui soit propre comme fléchisseur.

L'os du pied, l'os coronaire et celui de la navette étant enclavés dans le sabot, comme ceux de la jambe de devant, a cinq muscles, trois extenseurs et deux fléchisseurs.

DE L'ACTION DES JAMBES DU CHEVAL DANS LE PAS.

Un cheval dans le repos, et qui veut se porter en avant, partira indistinctement d'une jambe comme de l'autre, et cela d'après la posture où il se trouve, du derrière comme du devant; ce sera toujours celle qui se trouvera la plus éloignée du centre de gravité; mais si ce cheval est bien placé, c'est-à-dire, si ses jambes sont posées perpendiculairement, ce qui lui donne son aplomb, il entamera le chemin du devant, soit de l'une ou de l'autre jambe. Il est des chevaux qui entament du hors le montoir, ce qu'on appelle être sur le mauvais pied; mais le plus souvent ils partent du montoir, ce qui est réputé partir sur le bon pied: il est assez ordinaire de voir partir des chevaux du hors montoir et se remettre sur le pied montoir.

Le cheval, pour exécuter le mouvement de projection en avant, est obligé d'ébranler toutes ses articulations afin de jeter sa masse en avant, ou bien de baisser sa tête et son encolure, suivant la vitesse qu'il veut donner à sa marche; alors les jambes font fonctions d'un compas que l'animal ouvre et ferme à volonté. Ce moyen n'a guère lieu que chez les chevaux usés ou fatigués, dont les jambes ne se déploient plus, ce qui n'arrive pas aux chevaux qui portent beau, et chez lesquels la progression consiste dans un mouvement de tête, tantôt en avant, tantôt en arrière, pour alléger l'avant-main et augmenter le mouvement des jambes. Il est encore un défaut chez les chevaux usés et fatigués, c'est de balancer leur tête et l'encolure à droite et à gauche pour soulager la jambe qu'ils vont porter en avant. Cette allure, si c'en est une, se remarque tous les jours aux chevaux de monture des fermiers, qui vont l'amble, aux chevaux de charette qu'on a trop chargés, et généralement aux chevaux usés. Il est aisé de concevoir qu'au moment où le cheval va porter une jambe de devant en avant, il jette en même temps sa tête sur la jambe voisine, ce qui allège le fardeau de celle qui se meut.

Le cheval, partant du pied montoir, celui du derrière hors montoir suit immédiatement, en se portant au centre du carré, non-seulement pour garder son aplomb, mais encore pour faciliter la jambe de devant hors montoir qui va se mouvoir, ainsi de même la quatrième, de manière que les quatre jambes parcourent la même étendue de terrain.

DU TROT.

Le trot s'exécute comme le pas, quant à l'action des muscles; mais il diffère en ce que dans cette allure le cheval meut deux jambes à la fois, une jambe de devant et une de derrière, opposées en transtravat ou diagonalement. Le cheval est déterminé au trot, comme il a été dit en parlant du pas, en portant sa masse en avant plus ou moins, suivant ce qu'il veut embrasser de terrain, c'est-à-dire, former des pas plus ou moins allongés; car la vitesse n'a lieu que par les contractions accélérées des muscles. Dans cette allure, le poids de cette masse est soutenu par les deux jambes opposées, de manière que le cheval est toujours droit sur ses jambes, et qu'il conserve son équilibre.

DU GALOP.

Le galop diffère totalement des deux allures ci-dessus, par l'action des muscles et du mouvement des jambes. Ce sont les deux jambes de devant qui se meuvent ensemble. Ce n'est pas comme dans le pas, ou dans le trot, que la jambe du montoir s'élève la première; c'est au contraire celle du hors le montoir; il y a un instant où les deux jambes ou colonnes sont en l'air, alors il y a lieu de croire que la jambe du montoir doit se poser la première, c'est ce qui n'arrive pas; c'est celle du hors montoir qui, partie la première, prend terre la première. Dans cet instant, les jambes de derrière soutiennent toute la masse de l'animal, dont le poids est augmenté, et l'ordre de sa jetée en avant est le même que celui de l'avant-main. Quelle raison la nature a-t-elle eue d'obliger le cheval à tomber sur la jambe hors le montoir? Nous avons long-temps cherché la solution de cette question; la voici. C'est pour éviter les secousses du cœur, que l'expérience nous a confirmées, et que nous avons remarquées dans l'homme par les syncopes qui arrivent très-souvent après une chute d'une certaine élévation, sans qu'il y ait aucune partie lésée.

Le mouvement d'élévation dans le galop s'opère 1° par une foulée sur le sol, 2° par la réaction, 3° par la contraction des muscles du dos, 4° par celle des muscles du cou, 5° par celle des muscles longs communs du cou et de l'avant-bras, pour la jetée en avant; ces derniers, par l'étendue charnue, leur largeur et leurs diverses insertions seraient seuls suffisants pour enlever tout l'avant-main, attendu qu'ils ont leurs attaches fixes à presque toutes les vertèbres du col, pour aller se terminer à la partie supérieure et antérieure de l'avant-bras, après avoir passé et recouvert l'articulation du bras avec l'avant-bras. A la force de ces muscles communs se joignent les muscles du reste de ces extrémités. Les extrémités, ou les jambes de derrière, sont ramenées en avant et dessous le ventre le plus près possible du centre de gravité; ce premier mouvement se fait par trois muscles de chaque côté, qui sont dans le bas-ventre, qui ramènent les jambes de derrière sous le ventre; ces trois derniers muscles sont peu essentiels à connaître pour l'homme de cheval.

DU RECULEMENT.

Le cheval, par sa construction articulaire du jarret, ne recule jamais étant en liberté dans un endroit où il puisse se mouvoir à volonté; cependant il est utile de le dresser à cette sorte d'allure : est-il gêné, il fait un quart de cercle pour prendre la ligne droite; s'il se trouve dans l'impossibilité de former ce quart de cercle, alors il recule; par exemple, faites entrer un cheval dans une allée étroite, vous le verrez reculer en marquant des temps d'arrêts, ou bien il restera en place jusqu'à ce que quelqu'un se charge du soin de le faire sortir de l'allée.

Celui qui fait reculer un cheval monté ou non, doit marquer des temps d'arrêts de trois pas en trois pas, pour qu'il puisse se remettre de cette contrainte; autrement on exposerait l'animal à faire des efforts de jarrets; les courbes, les vessigons, les varices articulaires, et plus communément les épervins, proviennent de ces efforts qui, pour la plus grande partie, deviennent incurables, malgré des traitements faits à temps.

DES ALLURES ARTIFICIELLES ET DES ALLURES DÉFECTUEUSES.

Il paraît, d'après ce qu'ont dit les auteurs de cavalerie, touchant les airs relevés, qu'ils ont été en vogue du temps des carrières et des tournois; les uns leur donnaient le nom d'airs relevés, les autres leur ont donné celui d'allures, sans considérer qu'une allure est habituelle et journalière, ce qu'on ne saurait dire d'un air relevé. Ces airs sont la courbette, la croupade, la pezade, le mezair, la capriole, le pas et le saut. Comme nous n'avons pas vu enseigner ces airs dans les manéges, il y a lieu de croire qu'ils ont cessé avec les carrousels et les tournois. Aussi nous n'en dirons rien, sinon que nous les regardons comme inutiles, et quelques-uns comme dangereux.

Les allures défectueuses sont l'amble, l'aubin, l'entre-pas ou traquenard; ces allures sont fort en usage chez les fermiers, les marchands de bœufs, et principalement chez les marchands forains. Ce sont eux qui les dressent à l'allure qui leur convient; il est même des marchands de chevaux qui les dressent et qui les vendent fort chers, et même à des prix extraordinaires. L'allure la plus recherchée est l'amble, comme étant plus douce, et débitant plus de chemin. En général, ces allures sont fort douces, mais souvent dangereuses : aussi les appelle-t-on ambleurs, et les autres des casses-cou. Il est des chevaux qui, sans avoir été formés à ces sortes de mouvements, les exécutent d'eux-mêmes et souvent les changent à volonté, sans que ceux qui les montent y fassent attention. Ce sont ordinairement des chevaux usés que la faiblesse de leurs jambes contraint de changer d'allure.

CABRER.

Le cheval en liberté ne se cabre pas ou bien rarement ; ce mouvement d'élévation chez lui n'est qu'un mouvement de gaîté, ou lorsqu'il va sauter une barrière, franchir un fossé ou une haie. Le cheval ne se cabre que sous son cavalier ; autrement c'est toujours quelque chose qui le gêne. Les causes peuvent venir d'un mors mal placé, des panneaux de la selle, d'une boucle de sangle, de l'action des rênes, ou du pincé des éperons dont bien des gens ne s'aperçoivent pas par l'incertitude où ils sont de savoir poser leurs jambes où il convient. Le cheval ne fait donc ce mouvement que par emportement.

Le cheval qui se cabre ne mettant aucune mesure dans ce mouvement, s'élève souvent plus haut qu'il ne ferait en liberté, et souvent à faire craindre au cavalier d'être renversé avec son cheval, ce qui arrive assez souvent. Il est de ces cavaliers qui, craignant de tomber en arrière, tirent les rênes à eux pour se retenir, tandis qu'ils devraient les abandonner totalement. Les rênes étant abandonnées, on doit jeter son corps avec secousse à droite ou à gauche, et mieux du côté du montoir, ce qui donne plus d'assurance pour descendre de cheval. Il arrive assez ordinairement que cette secousse suffit pour que le cheval se remette sur ses quatre jambes.

DE LA RUADE.

La ruade est un mouvement assez ordinaire au cheval, et c'est même le seul qui lui soit propre, en le comparant avec les quadrupèdes domestiques. Il la lâche soit en liberté, comme étant monté; c'est une jetée en arrière plus ou moins élevée, et suivant sa position sur le terrain et sur celle du cavalier. Ce mouvement s'exécute avec plus de force et de vitesse dans un cheval dont le dos est placé horizontalement, et dont la croupe est bien arrondie; celui qui a les reins bas, qui est ensellé, qui a la croupe avalée, ou ce qu'on appelle le *dos de carpe*, ne ruera que très-bas, et ne déployera pas ses jambes. Aussi ces ruades ne sont-elles pas bien à craindre par leur peu de portée et par la faiblesse des muscles du dos, qui, ne se contractant pas en ligne droite, à cause de la mauvaise conformation de l'épine, font que les ruades sont toujours imparfaites. Ces muscles du dos servant pareillement à enlever l'avant-main dans le moment que le cheval se cabre, on sent qu'il doit en être du devant comme du derrière.

Pour nous faire bien entendre, nous dirons que cette longue cavité, qui règne le long de l'épine, d'un côté comme de l'autre, est remplie d'une masse charnue, qu'on nomme muscles du dos; ces muscles ont des appendices pareillement charnus, qui se croisent d'une vertèbre à une autre, de manière que quand le cheval se cabre, sa force contractive se fait de derrière en avant; et quand le cheval rue, l'autre plan d'appendice se meut de devant en arrière; ces muscles du dos ont donc une attache fixe, qui est leur point d'appui, et une attache mobile qui enlève ou l'avant-main ou l'arrière-main. Ces muscles, qu'on ne saurait voir se contracter, comme on le voit aux muscles des jambes, se font parfaitement sentir par le cavalier qui monte un cheval avec une légère couverture, et encore mieux à poil.

DE LA SENSATION DU CHEVAL.

Nous avons dit que le but du cavalier, en montant un cheval, devait être de lui conserver la pureté de ses mouvements dans l'allure où il l'a mis. Si ce cavalier veut les étendre ou les raccourcir, ce doit être toujours en mettant son cheval droit devant lui en parfait équilibre, ce qui dépend plutôt de celui du cavalier qui doit conserver le sien. C'est par une expérience suivie et par une habitude consommée que l'on parvient à bien monter à cheval, et que l'homme se dresse; en un mot, le cheval doit agir, le cavalier étant monté sur lui, comme si cet animal était en liberté. Les moyens dont le cavalier se sert dépendent de sa position, de l'action de ses rênes, et de l'action de ses jambes; les autres moyens ne pourraient être qu'accessoires et même illusoires.

L'effet des rênes tend toujours au retirement, c'est-à-dire à faire refluer le train de devant sur celui de derrière; mais l'action des jambes détermine le cheval à aller en avant, sur les côtés, à jeter l'épaule en dedans, à mettre la croupe au mur, à rentrer la jambe de derrière en dedans et à la porter le plus près du centre du carré. Ces aides ne se font sentir que par le plus ou le moins de sensibilité que le cheval témoigne par l'attouchement dans quelques parties de son corps: cette sensibilité est très-marquée, et se fait sentir depuis le grasset jusqu'au bas de l'épaule, ou, si l'on veut, depuis l'épaule jusqu'au grasset, eu égard à l'arrangement des fibres charnues du large peaussier. Aussi avons-nous demandé que le cheval de selle eût la peau qui recouvre les côtés de la poitrine et du bas-ventre bien détachée des côtes et non collée, car ces sortes de chevaux ne témoignent, pour l'ordinaire, aucune sensibilité. On peut dire avec assurance que ces muscles peaussiers sont le théâtre des opérations des jambes du cavalier, et que plus cette sensibilité est marquée, plus le cavalier doit faire attention à l'approche de ses jambes.

Les effets que produit le choc de la jambe sur le corps du cheval s'exécutent par un mécanisme dont personne ne s'est occupé, vraisemblablement par indifférence, ou par défaut de connaissance de la structure anatomique de ces parties.

La peau, dans le cheval, est plus sensible à l'endroit du corps sur lequel la jambe agit que dans toute autre partie; elle est mue dans cet endroit plus que dans d'autres; et quand elle est piquée, on la voit se froncer dans toute son étendue, mais plus où elle a été touchée que sur le reste. Ce froncement, comme nous l'avons dit dans notre *Dictionnaire d'hippia-*

trique et de cavalerie, s'opère sur ce grand peaussier, dont nous parlons. Ce muscle, en se contractant, fait grimacer la peau et décide la jambe la plus voisine de l'irritation à se porter à cet endroit. Par exemple, un léger attouchement fait derrière l'épaule, obligera ce muscle à se contracter dans cet endroit, et le forcera, par son union avec l'épaule, à porter la jambe en arrière, laquelle se remet de suite à sa place, pour conserver son équilibre. Cette action s'opère par la raison que ce grand peaussier a son attache fixe pour ce moment par deux bandes; l'une, en partie charnue, à la partie latérale externe de l'épaule, se confondant avec le peaussier brachial; et l'autre, qui est aponévrotique, s'attachant à la partie interne et supérieure de l'humérus, ce qui détermine la jambe à se porter en arrière et un peu en dessous de la poitrine, pour que l'animal conserve son aplomb. Un pareil attouchement fait sur les flancs contractera la partie du muscle qui enveloppe le grasset, laquelle est aponévrotique; elle obligera la jambe de derrière à se porter sous le ventre en avant, cherchant, comme celle de devant, à conserver son aplomb.

Ce muscle est d'autant plus irritable, et ses

contractions locales sont d'autant plus variées, qu'il n'a pas décidément d'attaches fixes, et qu'il peut être regardé comme un muscle polycornu, dont le point de contraction est plus ou moins éloigné; et comme ce muscle est très-large, que la direction de ses fibres est sur un plan horizontal, il est par conséquent susceptible de contraction dans divers endroits; ces mouvements sont plus ou moins étendus à raison de l'endroit où il a été touché; l'expérience journalière démontre que le muscle peaussier qui recouvre le flanc se contracte avec plus de force et de vitesse que partout ailleurs; il est cependant nécessaire d'observer que la sangle du cheval est un grand obstacle pour le cavalier, en ce qu'elle l'empêche d'approcher la jambe sur cette partie, et de se faire sentir avec succès; et de plus, voulant outrepasser cette sangle, le pied du cavalier se trouve trop long et anéanti par l'effet de la jambe. Plus une sangle est large, plus elle diminue les opérations du cavalier; il y a long-temps qu'on aurait dû penser à cela, surtout dans les manéges publics.

Quant au muscle peaussier, il y a long-temps que nous le regardons comme une machine instrumentale composée de différentes petites cordes, que l'habile écuyer fait mouvoir à volonté; art qui ne s'acquiert que par un long exercice et une étude réfléchie.

DE L'ART DE DRESSER LES CHEVAUX ET DE S'INSTRUIRE SOI-MÊME.

Pour dresser un cheval de selle, il faut, autant que faire se peut, qu'il ait une conformation requise; il doit être bien proportionné, former un carré dont la longueur soit plus grande d'un dixième que la hauteur; c'est-à-dire, que les dimensions étant prises, un cheval qui a cinq pieds de la pointe de la fesse à celle de l'épaule, et la même mesure du garrot à terre, doit avoir cinq pieds et demi, ou six pouces de plus dans la première dimension, sur les mêmes cinq pieds de hauteur, afin qu'il soit bien proportionné; autrement les jambes de derrière, dans le galop, outrepasseraient le centre de gravité, et attraperaient les jambes de devant. Cette conformation du carré parfait expose souvent les chevaux de chasse à se donner des nerf-férures.

Le cheval de selle doit être fin et délié, avoir la tête et l'encolure légère, portant beau, pour que dans le temps de galop, les muscles du dos agissant, ils aient moins de pesanteur pour enlever l'avant-main. Les jambes doivent être fines, pour que les muscles longs communs du col les soulèvent et les portent en avant : car, dans cette allure, le cheval agit plus des épaules que des autres articulations de la jambe.

Les conditions ci-dessus que nous exigeons ne sont pas difficiles à remplir; mais le difficile est de trouver un cheval qui n'ait point été monté, auquel on n'ait pas passé de bride; les particuliers qui élèvent des poulains n'attendent pas qu'ils aient l'âge convenable, qui est celui de quatre ans; ils ne considèrent que la taille; alors ils les dressent et s'en servent même, ou ils les vendent à deux ans et trop souvent même au-dessous. Ces particuliers ignorent que le cheval n'est formé qu'à cinq ans, et qu'à trois ans les os sont encore formés de trois pièces; que les pièces qui avoisinent les articulations sont cartilagineuses et mollasses. Cependant le veau, âgé même de six mois, qu'on leur sert sur la table leur prouve assez la vérité de ce que nous avançons. Ces os cartilagineux, qu'on nomme épiphyses, ne se soudent au corps de l'os qu'à l'âge de quatre à cinq et six ans. D'après ce que nous venons de dire des épiphyses, il est raisonnable de croire que les parties molles, tels que les ligaments, de quelque nature qu'ils soient, et les parties tendineuses, n'étant pas formées, se pressent, se tiraillent et perdent leur ressort; en un mot, que le cheval se ruine avant qu'il ait l'âge de service, ou qu'on le vend aux marchands qui s'en défont le plus tôt qu'ils peuvent, ne fût-ce que pour éviter les accidents de la gourme.

Il n'est pas rare de voir les marchands vous présenter des poulains de l'âge de deux ans environ, qui jettent leur gourme, ou qui même n'ont encore aucune dent dans la bouche. Ces mêmes marchands nous ont présenté à nous-mêmes, lorsque nous étions inspecteur des remontes, de superbes chevaux, qu'ils nous vantaient comme propres à monter les officiers; mais ces chevaux qu'ils prisaient si fort, tout jeunes qu'ils étaient, se trouvaient être arqués droit sur leur boulet, par conséquent de peu de service. Nous avons vu de ces chevaux, qui, s'ils n'eussent pas été châtrés, auraient été propres à faire des étalons, parce que les défauts que nous leur avons trouvés n'étaient pas héréditaires.

En supposant qu'un cheval sorte d'un haras sans avoir été monté avec une bride, la première leçon est de lui passer la bride, de lui poser la selle sur le corps, de lui lever les quatre jambes, de frapper sur ses fers avec un brochoir, pour l'accoutumer à la ferrure, etc.; ensuite on l'accoutumera à recevoir le cavalier.

L'usage de commencer à faire trotter un cheval à la longe, sous le prétexte de lui dénouer et assouplir les jambes, est une erreur; parce qu'en décrivant un cercle, les mouvements ne peuvent être que trides, incertains, et quelquefois dangereux, d'ailleurs inquiétants pour le cheval, surtout dans nos manéges. La plupart des chevaux cherchent de temps à autre à rejoindre celui qui tient la longe, ce qui prouverait que les cercles qu'on leur fait décrire, tout grands qu'ils paraissent, sont trop petits, ce qui leur occasionne des vertiges momentanés.

On ne déploie les jambes, on n'assouplit tous les membres d'un cheval qu'en décrivant une ligne droite, en le menant en plaine ou en parcourant de longues allées. C'est lorsque le cheval a été ainsi assoupli qu'on doit le faire trotter à la longe; encore recommandons-nous que le cercle soit le plus grand qu'il sera possible, attendu que le mouvement centrifuge est moins grand, et qu'il met l'animal dans la perpendiculaire; au lieu que dans les petits cercles, les chevaux les décrivent avec beaucoup de contrainte, et sont exposés à nombre de faux pas, et même à des chutes.

On montera donc le cheval pour l'exercer, pendant quelques jours, au pas en ligne droite; ensuite, dans les autres leçons, après l'avoir formé au pas, on le passera au trot, et alternativement de l'un à l'autre. Quand le cheval sera formé à ces allures, on le mettra au galop, on l'exercera par la suite sur les trois allures.

C'est après que le cheval est bien dressé à la ligne droite qu'on doit le faire trotter à la longe, en commençant par de grands cercles, pendant quelque temps. Pour les petits, il faut y renoncer, par les raisons que nous venons d'exposer; et le mieux serait de les supprimer. D'ailleurs, le cavalier peut lui-même, en plaine, dresser son cheval à faire des courbes, des circonférences plus ou moins grandes.

Nous supposons que ce cheval a été dressé par un homme en état de le former. Si c'est l'instructeur qui donne ses leçons à un élève, il doit commencer par le faire monter sur une légère couverture, pour l'accoutumer à connaître et à sentir les mouvements du dos, et à se maintenir d'aplomb. Ensuite il montera avec un léger panneau; c'est alors qu'ayant acquis cet aplomb, l'instructeur lui donnera les principes d'équitation.

L'élève, monté sur une couverture ou sur un panneau, sent les mouvements du dos du cheval, et apprend avec l'usage, ceux que les jambes du même cheval vont faire. Il présage de même ceux de l'élévation du devant ou de la croupe, soit qu'il se cabre, soit qu'il rue. Par les mouvements du dos, en examinant la tête, les oreilles, et aussi l'ébranlement des jambes de devant, on apprend à distinguer les mouvements qui vont suivre. Il est vrai qu'on perd beaucoup de ces avertissements lorsqu'on monte avec une selle; mais l'ébranlement partiel, le jeu des oreilles et celui de l'encolure, joints à une longue expérience, font que l'académiste se place naturellement en selle et d'aplomb, pour maintenir sans interruption celui du cheval. Cet aplomb est la base de l'équitation, dans quelque allure ou airs relevés qu'on puisse faire exécuter au cheval; et nous le regardons comme l'unité de l'équitation méthodique; car sans lui tout mouvement central est anéanti.

DE LA MANIÈRE D'ENTRER EN SELLE, ET DE LA POSITION DE L'HOMME A CHEVAL.

L'académiste ayant été instruit de l'usage de tous les objets qui servent au cheval, doit, avant de le monter, jeter un coup d'œil sur son équipage. Il doit voir si la selle est bien placée, si elle ne porte pas sur le garrot; il examinera la croupière, soit du côté de la boucle, soit dessous; il en fera de même des sangles et des étriers. Il doit pareillement entrer dans tous les détails de la bride, de la têtière et du mors; enfin, voir si rien ne gêne le cheval.

Tout bien examiné, l'élève doit se présenter devant l'épaule du montoir, et en avant du garrot: c'est là qu'il prend les rênes de la main droite pour les passer dans la main gauche; et après les avoir mis sur leur plat, la rêne droite entre les doigts annulaire et auriculaire, la rêne gauche sous l'auriculaire; alors, avant de fermer la main, il prend une petite poignée de crins vers le bas de la crinière, qu'il met dans sa main, ce qui donne un petit point d'appui pour monter à cheval. Avant que de monter, il fait un quart de conversion de gauche à droite, pour, de la main droite, saisir son étrier et se mettre en selle.

Ce mouvement doit se faire le corps droit, ainsi que la jambe droite, qui doit être horizontale, de manière que correspondant avec celle de l'étrier, toutes les deux forment une équerre; ce qui est très-agréable à la vue, par la légèreté que cela présente. Mais pour bien exécuter ce mouvement, il faut préliminairement que le cavalier ait monté les courroies de ses étriers de la hauteur de ses semelles à son enfourchure, de manière qu'il se trouve tout de suite sur le fond de la selle, sans être obligé de baisser le corps et de lever plus haut sa jambe droite.

On doit donc entendre par position du cavalier sur le cheval, une situation droite, aisée, que doit avoir celui qui le monte, en conservant son équilibre, et le faisant conserver au cheval; de manière que l'homme et le cheval, par cet accord, ne paraissent faire qu'un seul et même corps; que l'homme étant sur sa monture, puisse agir de ses extrémités, tant supérieures qu'inférieures, comme s'il était à pied; c'est-à-dire, qu'à l'aide de ses jambes il puisse se transporter et agir comme bon lui semble, et ressembler à un homme monté sur des échasses, qui se conduit comme il veut. La seule différence qu'il y a entre un homme monté sur un cheval, et celui qui est monté sur des échasses, est que celui qui est en selle a sa base fixée à la partie inférieure de son tronc, et que ce dernier l'a sous la plante de ses pieds; il suit de-là que le cavalier n'a que ses jambes à mouvoir depuis le genou jusqu'en-bas, et depuis le coude jusqu'au poignet, inclusivement. L'homme, monté sur le cheval, peut être regardé comme un hippocentaure ou un octopède; enfin il faut qu'il y ait tant de liaison et de rapports entre l'homme et le cheval, que leurs mouvements se suivent, que l'équilibre du premier réponde au dernier; en un mot, que le centre de gravité de l'homme ne passe pas celui du cheval.

Il faut entendre que le centre de gravité est un point par lequel un corps quelconque est divisé en deux parties aussi pesantes l'une que l'autre. Quand il y aurait cent parties, il y aurait toujours un centre, où tout aboutit; ce qui donne l'équilibre et l'aplomb. Par exemple, quand le cheval trotte, la levée d'une jambe de derrière et d'une de devant en transtravat, forme une ligne diagonale qui partage également la pesanteur du cheval en deux; et le point central de cette même ligne devient le centre de gravité. Qu'un homme s'appuie sur sa canne, qu'il sautille sur une jambe, son centre de gravité sera changé, par la raison que les pesanteurs tendent toujours vers un centre en ligne directe; ainsi, en disant à un académiste : mettez-vous d'aplomb, posez-vous d'aplomb, c'est lui dire de peser en ligne droite sur le centre de gravité du cheval, et de partager la masse de son corps en sorte qu'elle ne se jette pas plus à droite qu'à gauche, ou plus d'un côté que de l'autre. On peut donc regarder ce centre de gravité comme étant l'unité de l'équitation.

La position du cavalier est d'être droit dans tous les mouvements qu'il peut faire ; son assiette doit être sur les deux tubérosités des os ischions, et non sur ce qu'on appelle la fourchette; de même qu'il ne doit pas être renversé sur le coccix, comme l'a annoncé un auteur connu, position qu'il serait impossible à tout homme de conserver plus de deux ou trois minutes sans courir de grands dangers ; d'ailleurs et avant tout, pour prendre une fixité sur le coccix, il faudrait que le cavalier fût totalement renversé en arrière sur un cheval à poil, pour que son coccix touchât l'épine du dos. Il est donc bien démontré que cet auteur n'avait aucune connaissance de l'ostéologie de l'homme ni de l'hippotomie. Il ignorait même que le coccix est la terminaison de la moelle de l'épine, et que, par cette raison, dans une compression un peu forcée, la sensibilité que le cavalier éprouverait serait si grande qu'il tomberait en syncope.

Le corps de l'homme doit être droit et faire face à l'encolure, dans quelque action que ce puisse être; il ne faut pas que son corps soit souple, mais aussi il ne doit pas affecter trop de roideur. Un cavalier, dont le corps, depuis le bassin jusqu'en haut, serait vacillant, romprait la progression du cheval : les épaules doivent être en arrière pour faire sortir la poitrine, ce qu'on appelle vulgairement faire son estomac, présenter son estomac, ou le porter en avant. La tête doit être droite et même légèrement inclinée en arrière, et ne paraître avoir que le mouvement de pivot. Les bras doivent être situés à côté du corps, paraissant le couper verticalement en deux parties égales, et un peu écartés du corps. La main de la bride avec son avant-bras, doivent former un quart de cercle; l'un et l'autre doivent présenter le dehors et se trouver sur un plan horizontal. La main doit être en ligne directe à l'encolure; l'un et l'autre sont quelquefois obligés de se mouvoir ensemble, mais la main, ou, pour mieux dire, le poignet, est le plus susceptible de mouvement. L'avant-bras s'élève, se baisse, se porte en avant et en arrière ; le poignet n'a que celui de pronation et de supination. On appelle mouvement de pronation, celui par lequel on tourne la main de manière que la paume regarde la terre; celui de supination est le mouvement où on présente le dos de la main vers la terre. La paume de la main doit faire face au bas-ventre, et le dos à l'encolure, toujours en ligne droite ; c'est dans cette position qu'on fait ces mouvements de demi-rotation du poignet avec l'avant-bras.

La cuisse doit être posée sur le panneau de la selle, un peu obliquement et sur son plat, sans avoir aucun mouvement, ce qui arrive lorsqu'il y a des proportions entre l'homme et le cheval; c'est-à-dire, que ce dernier ne sera pas trop gros, trop cerclé, et que celles du cavalier ne seront pas trop courtes, ou son bassin trop étroit; autrement il ne saurait embrasser son cheval exactement.

La jambe doit tomber d'aplomb sans résistance, la pointe du pied regardant le coude du cheval, et sans s'apesantir sur son étrier, pour qu'elle soit toujours disposée à se mouvoir en tous sens. Un cavalier dont le corps sera court et les jambes longues, aura plus d'assiette à cheval qu'un cavalier bien proportionné; mais l'action de ses jambes deviendra comme nulle: il ne pourra pas les étendre et les promener à son gré sur l'animal, parce qu'elles outrepasseront le centre où le théâtre des opérations qu'il doit faire. De même, un cavalier dont les cuisses seront courtes, n'aura pas d'assiette et ne pourra pas embrasser son cheval; ainsi il faut donc de justes proportions entre l'homme et le cheval, sans quoi on ne saurait rien faire d'avantageux.

Il n'est donc question, d'après ce qui vient d'être dit ci-dessus, que de savoir se placer en selle d'une manière à répartir le poids de toute la masse de son corps, pour maintenir son centre de gravité sur celui du cheval, et ne pas s'en écarter, ce qui ne serait pas absolument impossible si l'on montait à poil; mais comme on se sert de selle, la chose présente plus de difficultés pour conserver son équilibre. Par exemple, plus les arçons sont éloignés l'un de l'autre, plus il sera difficile de se maintenir en selle: le moindre mouvement de l'homme ou du cheval rejetera cette fixité du bassin d'un côté ou d'un autre. Si cela arrive sur l'arçon de devant, l'avant-main se trouvera plus chargé. Si c'est sur celui de derrière, il chargera l'arrière-main. Pour bien se maintenir sur une selle à arçons, il faut qu'elle soit petite; il serait même plus à souhaiter qu'elles fussent toutes souples et ployantes ; on sentirait alors plus aisément les mouvements du cheval. Quoi qu'il en soit, nous préférerions une selle rase piquée, sur laquelle un cavalier se maintiendrait mieux et avec beaucoup plus d'aisance lorsqu'il est question de faire mouvoir la colonne vertébrale.

En un mot, la position du cavalier doit être telle, qu'il partage le poids de son corps en quatre parties égales, pour être réparti sur les quatre du cheval; et sur deux ou sur trois, quand le cheval varie ses mouvements. Pour nous faire entendre, nous prendrons un exemple. Un cavalier décrit un cercle; le cheval, en trottant ou en galopant, sera obligé de se pencher en dedans du cercle, pour éviter le mouvement centrifuge; plus le cercle sera petit, en conservant la même vitesse, plus le cheval s'approchera et tendra vers le mouvement centripète. Il en sera de même du cavalier, qui sera obligé de se pencher pareillement, pour éviter le mouvement centrifuge: et dans quelque pente que ce soit, par les lois de la gravitation, l'homme et le cheval sont toujours en ligne droite, comme s'ils trottaient ou galopaient en plaine.

Il ne nous reste, ayant parlé de la selle, qu'à dire un mot de la bride, qui, comme tout homme de cheval le sait, doit être composée de deux pièces, qui sont la têtière et le mors. La têtière n'exigeant aucun changement, nous passons outre. Le mors, comme on le sait encore, est composé des branches, du canon et de la gourmette. Ces trois parties sont des plus essentielles, et demandent quelques observations.

Les branches, à la vérité, ne sont plus à la genette. Elles ont été réduites, il y a plus de soixante ans, à la moitié de leur longueur. Elles ont encore été réduites depuis. Cependant les genettes sont conservées par la plus grande partie des marchands de chevaux, qui s'en servent pour présenter leurs chevaux au mur, ou pour les faire trotter, pour soutenir la tête et faire voir que le cheval qu'ils présentent porte beau, c'est-à-dire, qu'il a la tête élevée, et que cette situation lui est naturelle, tandis que ce sont ces mêmes branches à la genette qui le soutiennent dans cette position.

Les branches que nous disons avoir été raccourcies une seconde fois, étaient celles qu'on aurait dû conserver, attendu que le cavalier sentait facilement les degrés de pression de la gourmette sans déranger sa main, ni employer aucune force; au lieu que dans les branches d'aujourd'hui, le tourel est près de la bossette, ce qui donne un mouvement prompt et dur à la moindre tension des rênes, et ce qui, quand le cavalier n'y fait pas attention, fait plus de tort à la bouche du cheval que n'en ferait une branche à la genette. La pression subite de la gourmette occasionne souvent des temps d'arrêt, qui produisent les jardons et les courbes, et sont cause que le cheval se cabre et se tourmente. Nous pensons donc qu'il est très-essentiel d'en revenir aux branches dont on se servait il y a une trentaine d'années.

L'usage actuel d'attacher le bridon à l'œil du banquet est préférable à ceux qu'on passait dans la bouche, lesquels abîmaient les commissures des lèvres de l'animal.

Les canons dont on se sert présentement sont bien moins gros que ceux d'autrefois. Il en est encore de plusieurs formes, d'une ou de deux pièces; ces derniers se joignent ensemble comme des anneaux. Ceux d'une seule pièce sont à réformer, parce qu'on ne saurait faire agir une rêne sans que l'autre ne se meuve, de manière qu'il peut arriver que le cavalier qui veut porter son cheval à droite, le voie souvent se porter à gauche ; ainsi les canons brisés doivent avoir la préférence ; mais nous aimerions mieux qu'ils fussent joints en forme de genou, comme ceux dont on se sert pour les pieds des télescopes, des niveaux d'eau et autres instruments de physique. Avec une telle articulation, on peut faire agir une rêne sans que l'autre se meuve ; elle donne plus de facilité à la langue, soit pour la porter en avant, soit pour la retirer en arrière, en dessus comme en dessous.

Les gourmettes dont on se sert présentement sont les seules à mettre en usage, étant plates et légères ; cependant nous désirerions qu'elles fussent attachées des deux côtés avec deux porte-mousquetons ; par ce moyen, son action se ferait sentir du côté de la rêne agissante, sans qu'il y eût pression à l'autre extrémité.

DU MOUVEMENT DU CAVALIER DANS LES DIFFÉRENTES ALLURES.

Tous les mouvements du cheval, dans quelque allure que ce soit, se réduisent à décrire des lignes droites et des courbes. Il est cependant dans les manéges une manœuvre qui plaît aux étrangers et qui souvent attire des compliments aux chefs de manéges; c'est la prise des coins. 1° Il n'y a point de coins dans un manége, et le cheval ne saurait le marquer : c'est un but qu'il ne pourrait atteindre. Enfin il n'y a pas de carré dans un manége. 2° Quand même ces coins existeraient, ils seraient pernicieux aux chevaux, en ruinant leurs articulations par les atteintes qu'ils se donnent. 3° Cette prise de coins, quand on veut y faire attention, est un mouvement totalement irrégulier; c'est un piétineur inquiet dont les quatre pieds paraissent tous quatre comme en l'air. Qu'on juge d'après cela combien il y a de coins à prendre dans une leçon, et à quoi bon?

Toute la science du cavalier consiste à faire exécuter au cheval les mouvements dont nous avons parlé, lorsqu'il est en liberté, concernant le pas, le trot et le galop, qui sont les mêmes pour les changements de main et les doublés.

Les airs de manége dont plusieurs jeunes auteurs parlent, ne s'enseignent plus. Pour nous, qui avons parcouru les manéges, bien loin de les avoir vu exécuter, nous n'en avons jamais entendu parler. Ces sortes d'allures étaient en vogue du temps des tournois, des carrousels. Au surplus, nous pensons que les personnes qui désireraient avoir de pareils chevaux, ne peuvent mieux faire que de les envoyer à MM. Franconi, qui font toujours admirer la manière avec laquelle ils dressent non-seulement leurs chevaux, mais encore des animaux indomptables, et l'aisance et la légèreté avec lesquelles ils les conduisent.

Les aides principaux dans les trois allures, sont : de tenir également ses rênes, d'appeler de la langue, sans cependant en faire trop d'usage, d'approcher ses jambes du corps avec douceur, et de rendre la main toutes les fois que le cavalier sent de la résistance.

Présentement nous allons donner la manière de faire exécuter au cheval les mouvements dont il est susceptible en liberté, et qui sont le droit et le courbe. Nous devons avant tout, parler de la position de l'homme sur la selle.

Le cavalier, après avoir examiné si sa selle est bien placée, et s'y être mis ensuite, doit présenter sa poitrine en face de l'encolure du cheval ; son bassin et ses cuisses doivent être immuables ; mais depuis ce bassin jusqu'à la tête inclusivement, il peut être rendu mobile dans certaines occasions. Ce mouvement dont nous parlons est une rotation particulière ou générale. Nous l'expliquerons.

La nature a donné à l'homme, comme bipède, ce mouvement de rotation que n'ont pas les quadrupèdes, ou qu'ils n'ont au moins qu'imparfaitement.

L'homme a depuis sa tête jusqu'au haut de son bassin, vingt-quatre os posés les uns sur les autres, qu'on appelle vertèbres, et cet assemblage forme la colonne vertébrale. Ces vertèbres, à partir de la tête jusqu'à l'os sacrum, qui fait partie du bassin, et sur lequel repose cette colonne, à l'exception des deux premières, composant le cou, augmentent de volume en descendant, et sont toutes liées ensemble dans leurs corps, d'une manière intermédiaire et latéralement, avec sinovie, comme les articulations des extrémités; les intermédiaires qui unissent le corps des vertèbres entr'elles sont de vrais ligaments, en partie cartilagineux, dont les fibres posées en lignes circulaires sur deux plans d'évolution, leur donnent, joint à leur épaisseur, le moyen de rotation les unes sur les autres. Des deux premières vertèbres du cou, celle qui s'unit avec la tête se joint ou s'articule condyolioïquement : la seconde, qui s'unit avec la première, se meut avec cette dernière comme une roue sur son essieu, par une éminence dentiforme.

Au moyen de cet arrangement, toutes les vertèbres jouent les unes sur les autres. Le cavalier, nonobstant le mouvement de la tête, a encore ceux du reste de la colonne vertébrale, qui facilite beaucoup à faire des quarts de conversion et à voir derrière soi, sans déranger l'aplomb du cavalier sur la selle. Qu'on juge combien acquérerait un jeune académiste dont les os et les articulations ne sont pas formés. Nous sommes persuadés que le mouvement de sa tête, concourant avec la colonne épinière, lui ferait faire presqu'un volte-face.

Le cavalier étant placé sur la selle, et ayant ajusté ses rênes, rassemblé les jambes de son cheval, il se servira des aides dont nous avons parlé. Assez souvent, un petit ébranlement des reins sur l'encolure de bas en haut suffit pour faire partir le cheval, et le cavalier n'a plus besoin que de tenir en mains ses rênes. Veut-il marquer un temps de repos, il arrêtera son cheval avec douceur par un mouvement de supination; alors il remet sa main en place, ce qui rend les rènes égales : veut-il le faire partir, il fera un mouvement de pronation, qui est celui qui relâche les rênes. Cette première leçon doit être donnée en plaine pour les trois allures.

Lorsqu'on croit que le cheval est assez formé, on le passe au manége pour le dresser aux changements de main, aux doublés et aux cercles décrits à la longe. Nous supposons qu'un cavalier dans le manége, parte du point de repos, qui est ordinairement au tiers de l'espace du coté des piliers, s'il y en a ; s'il veut se porter sur la ligne gauche de la muraille, il peut partir sans aucune aide ; le cheval se met naturellement dans le droit, et on l'y maintient. Quatre pas avant que de présenter la tête de son cheval au mur, le cavalier doit se préparer à prendre le coin ; pour cet effet il doit faire agir la rêne droite et la jambe du même côté, en l'approchant du flanc de manière que le cheval marque une courbe. Pour prendre le coin le plus exactement possible, le cavalier, au moment que son corps est en face de l'alignement du coin, doit pincer son cheval de l'éperon, lequel cheval le prend si bien qu'il rase la muraille avec le quart de sa queue. En sortant de ce coin, le cavalier remet son cheval dans le droit, opère de même au coin suivant, et vers les autres de même. Les chevaux de manége sont si accoutumés à cette manœuvre, que nous avons vu plus d'une fois des chevaux prendre le coin assez exactement sous des académistes, pendant qu'ils ôtaient ou mettaient leurs gants, ou qu'ils avaient leur mouchoir en main, en un mot dont les rênes étaient abandonnées.

Pour mettre son cheval au galop, et c'est de la plaine que nous parlons, car la plupart des manéges sont trop petits, rarement cette allure y a-t-elle lieu, le cavalier, après avoir mis son cheval d'aplomb, commence par le mettre au pas, de là au trot pour que, partant au galop, il soit dans le cas de l'entamer du pied du montoir. S'il part du hors le montoir, le cavalier doit marquer un temps d'arrêt; et si le cheval persiste à partir de la droite, alors le moment où il se dispose à lever sa jambe, est l'instant où le cavalier doit appliquer un fort coup d'éperon du coté du montoir, le plus près du bas de l'épaule qu'il pourra, pour l'obliger à partir sur le bon pied. Nous avons déjà dit à l'article *liberté*, que la plus grande partie des chevaux partaient du pied montoir; qu'elle en est la raison? C'est ce dont personne ne s'est encore occupé; pour nous,

nous avons plusieurs fois observé et éprouvé que le cheval, galopant sur le mauvais pied, la chute sur le sol se faisant sur le pied montoir, nous occasionnait des maux de cœur, de légères pamoisons, dont nous ne nous débarrassions que par un temps d'arrêt, ou lorsque le cheval se remettait sur le bon pied, ce qui arrive presque toujours. Nous sommes donc portés à croire que cette cause est la même dans le cheval ; aussi ne galope-t-il pas long-temps à faux. Ce galop est dur et désordonné, et ferait presque croire que le cheval est boiteux ; tandis que le bon pied est doux et suivi.

Il y a cependant une occasion où le cheval est obligé de partir du hors le montoir ; c'est lorsqu'il décrit un cercle, dont la direction l'oblige à se porter vers le mouvement centripète, et par conséquent à éviter le mouvement centrifuge, où tous les corps qui se meuvent sur leur axe, tendent toujours. Cependant il faut considérer, que le cheval entame du hors le montoir, s'il commence à gauche, et il entame le montoir s'il va à droite ; de manière que dans le cercle, le bon pied devient le mauvais, et que le faux devient le bon ; et que si l'instructeur voulait faire changer de pied, ce qui ne peut se faire qu'au pas, il exposerait le cheval à s'abattre. Il en serait ainsi si on faisait trotter le long d'une colline. Nous revenons: le cavalier, pour mettre son cheval au galop, doit approcher ses éperons modérément des flancs, quand le gras de la jambe n'a fait aucun effet; mais il part ordinairement aux pincés des éperons. Il convient, dans cette allure, que le cavalier ait toujours les rênes de son bridon tendues pour soûtenir son cheval, ce qui s'entend si ses rênes sont attachées à l'œil du banquet.

DE LA SALUTATION.

La salutation étant un attribut de l'équitation, on doit être surpris qu'aucun auteur n'en ait parlé. Le plus grand nombre des personnes qui saluent, ôtent leur chapeau avec tant de négligence et d'une manière si gauche qu'elle en est dégoûtante; on les voit sans cesse mouvoir leur corps en tout sens, ainsi que leur chapeau qu'elles tiennent à la main, en le balançant, croyant par tous ces gestes porter beaucoup de respect à la personne qu'elles saluent. Nous pouvons dire que cette salutation est plus ignominieuse qu'honorable. Le cheval pendant ce temps-là s'impatiente, se tracasse, ou est tracassé par les chevaux ou voitures qui souvent le froissent.

Sans nous étendre sur ce mécanisme défectueux, nous dirons que le cavalier, par ses mouvements suivis, doit commencer par laisser tomber son bras droit le long de la cuisse, ensuite le relever en le pliant très-peu vers la hauteur des yeux, de manière que le dos de la main soit en-dessus; alors il doit faire un mouvement de pronation pour saisir son chapeau avec célérité. Il est censé que c'est d'un chapeau à trois cornes que nous parlons. Car monter avec un chapeau rond, ce serait monter en bon bourgeois, ce qui paraîtra ridicule à tout homme de cheval, surtout à un militaire. Le chapeau étant ôté, le cavalier le place le long de sa cuisse, en présentant le dehors du coté de la personne qu'on salue; le corps en face de l'encolure; n'ayant d'autre mouvement à faire que celui du pivotement de sa tête et de sa colonne vertébrale.

L'homme de cheval, voulant saluer une personne de marque dont il est connu, étant sur la gauche de sa voiture, doit passer à la droite longitudinalement, pour se trouver près la portière en face d'elle, et là, faire son salut de la manière que nous venons de dire. Cette définition du salut peut ne pas paraître claire; mais un homme de cheval ne l'aurait pas plutôt vue une seule fois, qu'il en saurait autant que son instructeur; et il conviendrait que ce salut a quelque chose de noble et de respectueux, qui, d'ailleurs, dénote un homme de cheval; en un mot, c'est un potentat sur son trône, et qui s'y tient avec la dignité qui lui convient.

Le cavalier, dans la salutation, ne doit pas mouvoir sa tête, sans que le reste du corps y participe; son mouvement est celui de pivot, aidé de ceux des vertèbres du cou; la tête décrit un quart de cercle. Si on y joint le mouvement de toute la colonne vertébrale, la rotation sera portée presqu'au diamètre du cercle, comme nous allons l'expliquer.

La nature a donné à l'homme la faculté, comme bipède, de se mouvoir en tout sens; et dans tous ses mouvements, le corps est celui qui agit le plus, quoique le plus volumineux et le plus pesant; il agit en tout sens. Ses principaux moyens d'agir sont les muscles du dos et du bas-ventre, dont nous ne pouvons nous dispenser de donner les détails.

La colonne vertébrale est composée de vingt-quatre os, nommés vertèbres, dont sept pour le cou, douze pour le dos, et cinq pour les lombes vulgairement appelées les reins. Toutes ces vertèbres s'unissent ensemble par leurs corps et par leurs parties latérales. Ces dernières sont articulées avec synovie comme celle des extrémités; les premiers se joignent immédiatement par un corps intermédiaire sur toute la surface du corps des vertèbres. Ce corps intermédiaire est composé de fibres ligamenteuses, posées en espèces de spirales et en sens contraire, qui non seulement affermissent la colonne vertébrale, mais lui donnent la faculté de pivoter un peu l'une sur l'autre. Ce plan de fibres en spirales et en deux directions, se fait aisément apercevoir dans une macération à moitié achevée, ce que nos anatomistes et nos savants hippotomistes auraient dû connaître relativement aux ankiloses des vertèbres lombaires. Cette colonne prend son appui sur l'os sacrum, qui fait partie du bassin, et qui lui-même est l'appui de tout le tronc de l'homme.

Nous devons dire encore, pour l'intelligence de cette rotation diamétrale, comment et par quelle main elle s'opère. La tête s'articule des condyles avec la première vertèbre, nommée atlas. Cette première, par sa partie inférieure, forme un anneau qui reçoit une éminence de la seconde, nommée axis, et qui a une figure dentiforme, qui est comme un essieu sur lequel tourne une roue. Ces deux articulations seules concourent pour plus de moitié à la rotation de la tête de droite et de gauche, ainsi qu'à l'action de la porter en arrière. Les autres vertèbres qui suivent changent de forme; elles ont des apohysés, qui paraissent partager l'homme en deux parties égales, et c'est ce qu'on appelle l'épine du dos. Ces apophyses épinières réunies, conjointement avec la partie articulaire des côtes, forment de chaque côté une longue cavité où sont situés les muscles du dos; ces cavités, dans les quadrupèdes, sont bien plus profondes par la raison que les apophyses épinières sont plus longues, surtout chez le cheval.

Ces muscles du dos, dans la position de l'homme à cheval, sont toujours en tension pour soutenir le corps; dans la salutation, ils se contractent en partie sans déranger l'aplomb du corps; et il faut expliquer les moyens que la nature emploie. Ces muscles règnent depuis la partie inférieure du cou jusqu'à l'os sacrum;

ils ont tous deux leurs attaches aux deux extrémités, qui tantôt sont fixes, tantôt mobiles, suivant la position de l'homme à cheval : il n'a qu'une attache fixe qui réside à l'os sacrum. L'homme étant à pied, ses attaches sont pareillement fixes, c'est-à-dire, qu'il peut jeter son corps en arrière, ou se relever de terre; mais ces attaches peuvent changer de fonction : de fixes elles peuvent devenir mobiles. Par exemple, un farceur veut-il marcher la tête en bas, ses attaches qui étaient fixes à l'os sacrum deviennent mobiles ; ainsi les muscles du dos vers la tête, qui étaient mobiles, deviennent fixes, au point de former de la résistance.

Il en est de même chez le cheval ; veut-il se cabrer, il charge ses jarrets d'une partie de la pesanteur pour enlever le devant, et alors ses attaches fixes sont du côté de la croupe. Veut-il ruer, il s'incline en devant pour se charger de même d'une partie du train de derrière, et alors son attache mobile devient fixe pour alléger l'arrière-main et pouvoir lâcher sa ruade. Ces attaches ne sont pas simples, comme celles des extrémités, qui se réduisent à deux. Le cheval en a quarante-huit de chaque côté de l'épine : ce sont des appendices, ou suppléments des muscles longs communs du dos, et de ceux qu'on appelle épineux; ces appendices sont des prolongements charnus, minces et larges, qui forment deux plans, qui se croisent de devant en arrière, et de derrière en avant, en forme d'X, et qui contribuent à tous les mouvements du dos, et même à l'élévation des côtes, dans l'aspiration. Ce sont ces appendices que les anatomistes de mon temps prenaient pour des muscles particuliers, et qu'ils nommaient divergents et convergents. Nous ignorons s'ils les nomment encore de même, mais il paraît que les anatomistes leur ont donné le nom de *releveurs*, de Stenon, qui est le premier qui les a disséqués. Au reste, c'est toujours une erreur en anatomie ; car nous qui avons fait les fonctions de prevôt sous le célèbre Ferrein, nous avons toujours trouvé que ces prétendus divergents et convergents, n'étaient que les appendices. Ce qui peut encore induire en erreur les anatomistes, c'est la difficulté qu'ils ont de disséquer ces dessous épineux ; car on ne peut les soupçonner, pour se tirer d'affaire, d'avoir fait des muscles avec la multiplication de coups de scalpel, ce que nous avons vu arriver plus d'une fois, pour que le professeur trouvât son compte de muscles. Il est encore quelques remarques anatomiques à faire, mais ce serait sortir de notre objet. Cependant nous en citerons deux qui sont frappantes. Tous les auteurs, et même la plus grande partie de nos professeurs, posent des muscles à la conque de l'oreille ; et cependant il n'en existe pas d'intérieurs. Actuellement nous demandons à quoi serviraient des muscles à une partie immuable ; mais ce qu'ils ont pris pour muscles des oreilles, n'est autre chose que l'expansion des muscles occipitaux. Ces mêmes auteurs et professeurs actuels vous disent : les paupières sont mues par un muscle orbiculaire, et quand ils ont disséqué cette partie, ils vous présentent une membrane orbiculaire percée dans son centre. Est-ce bien un muscle orbiculaire? Non. Il n'y a qu'un muscle demi-orbiculaire pour la paupière supérieure qui, se contractant dans son centre, l'abaisse sur la paupière inférieure ; et un autre qui la relève a son attache au fond de l'orbite. La paupière inférieure ne s'élève ni ne s'abaisse, n'ayant point de muscles ; si elle s'abaissait, de quel côté s'abaisserait-elle? Serait-ce en se logeant dans l'orbite? cela ne se peut, par la raison que la membrane névrotique, qui est recouverte par le derrière est fixe, attachée au bord anguleux de l'orbite qui, par conséquent, ne peut y rentrer; au lieu que la paupière supérieure y rentre en partie, par la raison que son bord orbitaire, sur lequel glisse facilement cette paupière, est lisse et arrondi, et la dissection, ou, pour mieux dire, l'enlèvement de cette paupière démontre qu'elle n'est nullement adhérente au bord orbiculaire, comme l'est l'inférieure.

Plan d'instruction qui convient, et qui est même indispensable a quiconque s'adonne a l'étude des chevaux.

S'il entre aujourd'hui dans l'éducation de faire apprendre l'anatomie humaine aux jeunes gens, ainsi que l'hygiène qui est l'art de conserver sa santé, ceux qui veulent faire leur état de connaître les chevaux, doivent s'adonner à l'hippotomie, suivant la partie du cheval dont ils veulent tirer partie, par exemple:

Un officier de cavalerie, chargé d'une remonte, doit premièrement connaître la dermotologie qui est la nomenclature et la situation de toutes les parties extérieures du cheval, tel que le garrot, la croupe, le jarret, etc, etc; enfin toutes les parties saillantes et rentrantes qu'on observe sur la peau. Ensuite il doit être instruit de l'hippotomie qui est la connaissance des parties internes du cheval, lesquelles parties sont : les os et les chairs, ou mieux encore, les parties dures et les parties molles. La connaissance des os, soit rassemblés, soit séparés avec leurs dépendances, se nomme ostéologie ; celle des chairs qui font mouvoir les os, est la myologie ou discours sur les muscles. Cette partie est très-essentielle, principalement pour les jambes, pour connaître soit leur belle conformité, soit les tares ou défauts, naturels ou accidentels.

Les écuyers commandant les écuries, les chefs de manége, les marchands de chevaux, doivent avoir les mêmes connaissances que les personnes chargées des remontes ; tous doivent donc connaître à fond la belle conformation du cheval, et à quel usage il est propre ; ils doivent pareillement connaître l'âge des chevaux, sa vue, juger ses flancs relativement à la pousse; ils doivent savoir juger les grosseurs qui peuvent survenir sous la ganache, et savoir distinguer une tumeur de gourme de celle de la morve ; ils doivent, en faisant trotter l'animal, voir si les frappés sont égaux entre eux pour ne pas acheter un cheval claudicant. Ce coup d'œil ne doit se donner qu'après qu'on a fait placer le cheval de profil, à une distance proportionnée, comme de douze à quinze pieds, pour que la vue puisse parcourir toute l'étendue du cheval, ce que l'on ne saurait faire de trop près, et ce qui se rapporte avec le carré inverse des distances. Dans cette position, on examine son ensemble pour juger à quel usage il peut être employé; s'il a la taille requise, s'il est bien placé sur ses jambes, si les épaules ne sont pas trop chargées, s'il n'est pas trop serré du devant, s'il ne porte pas trop bas; ensuite on se rapproche de lui et on examine chaque partie en détail, par exemple, voir si les sabots ne sont pas affectés de quelques tares ou défauts, tels que des encastelures, des quartiers rentrés; si les pieds sont plats, s'il a de faux quartiers; la plus grande partie venant de mauvaise conformation. Quant aux autres défauts accidentels, il faut consulter le maréchal hippiatrique, qui doit juger de la conséquence des maladies.

Observations sur les statues équestres

MM. les peintres de batailles et statuaires, ayant jugé convenable de représenter la force animale tant pour l'homme que pour le cheval, ont engagé des anatomistes à leur faire sentir toutes lés parties musculaires qui avoisinent la peau. C'est d'après cela qu'on voit le Tortébac et l'écorché de l'académie, être la boussole de ces artistes. Ces derniers n'étant ni anatomistes, encore moins hippotomistes, ont été obligés de suivre strictement leurs modèles; mais ces modèles doivent-ils être employés indistinctement sans considération d'âge? Voit-on les parties musculaires dans l'homme fait qui a de l'embonpoint, comme dans l'homme avancé en âge ou qui est maigre par construction? Les parties contractives se laissent-elles toutes apercevoir sous la peau, etc? C'est cependant ce que nous présentent le Tortébac et l'écorché de l'académie.

Il est étonnant que depuis un siècle environ que nous avons d'habiles peintres et d'habiles statuaires, ces messieurs ne se soient pas adonnés à la partie anatomique qui leur convient. Ces deux modèles pèchent d'une manière frappante; ce sont de vraies dissections et non des écorchés ou décutanéments. L'écorché de l'académie est bas du devant et a bien l'air d'un cadavre par la mollesse et le relâchement de toutes les partie charnues; mais ce qui surprend l'hippotomiste, c'est de voir de grands faisceaux charnus ou tendineux qu'il leur est impossible de classer ; notamment les jambes qui sont les plus nécessaires et les plus recherchées des artistes. La raison de cette difficulté là est une dissection idéale qui n'annonce aucun principe de l'art de disséquer ; il serait fort long de détailler les défectuosités de cette pièce.

Nous nous contenterons de dire qu'il n'y a que les quatre jambes où l'on puisse faire paraître le mouvement de contraction des muscles, et encore n'est-ce que par le devant, depuis l'articulation du bras avec l'avant-bras jusqu'au genou ; et pour le derrière, depuis le grasset jusqu'au jarret. La grande vérité est que, dans un cheval d'une belle conformation qui est censé être bien musclé, on n'aperçoit aucun de ses muscles en contraction, mais simplement un gonflement du membre sans que rien paraisse sous la peau ; la contraction est d'autant moins apparente que les muscles des parties dont nous venons de parler, sont enveloppés d'une infinité de bandes aponévrotiques et ligamenteuses qu'un étudiant en hippotomie aurait beaucoup de peine à enlever sans risquer d'altérer les attaches et les insertions des muscles ; et la preuve en est dans l'écorché de l'académie où tout est, dans ces mêmes parties, d'une confusion à n'y rien connaître.

Passons au Tortébac qui est le modèle des statuaires, et qui prouve que depuis long-temps ils ont été induits en erreur par les anatomistes ou par les dessins qu'ils ont suivis; par exemple : on voit dans le jardin du Luxembourg un Hercule où tout est outré; mais ce qui choque l'œil de l'anatomiste, c'est d'y voir les muscles droits du bas-ventre dont les intersections sont outrées, et lesquelles par leurs gonflements échelonnés ressemblent à ces rigoles que forment les bœufs et qu'on rencontre sur les routes où ils ont coutume de passer. Nous dirons de plus que la statue est droite; ce qui démontre un état de repos, et dans un état de repos il n'y a pas de contraction, et le ventre et les muscles restent dans la position naturelle et même statique. Ces muscles droits sont d'autant moins apparents qu'ils sont enveloppés et serrés par les aponévroses des muscles grands, obliques, lesquelles étant dans le cheval comme dans l'homme réunies postérieurement avec celles des petits muscles obliques et transversaux forment une espèce de gaîne qui contient ces muscles droits, l'homme étant baissé. Ainsi on se demande quelle apparence auraient donc ces intersections si l'homme était ployé en avant.

Il est d'autres erreurs dans lesquelles les statuaires sont tombés, et qu'ils n'ont certainement pu copier dans l'écorché de l'académie; par exemple: les deux renommées qui étaient à Marly et qui ont été transférées à l'entrée des Champs-Elysées, ont toutes deux au bas du jarret postérieurement deux tumeurs ou élévations qui sont des maladies qu'on nomme jardons; il est des chevaux qui n'en ont qu'un, d'autres deux. Cette maladie provient d'un effort, d'un allongement des parties tendineuses ou de leurs gaînes dont la cause vient des temps d'arrêt trop forcés. Il y a apparence qu'on a présenté au statuaire, un beau cheval qui avait deux jardons, ou bien qu'ayant consulté les gravures de Rédinger et de ses copistes, ou bien encore qu'ayant vu un beau cheval qui avait des jardons, il l'a dessiné avec ces défauts. Avec un peu de dermatologie et d'hippotomie, les plus célèbres artistes ne seraient pas tombés dans ces erreurs. Il est des gens qui copient servilement ce qu'on leur présente, d'autres qui ne consultent que leur imagination, croyant mieux faire, sans s'inquiéter s'il y a concordance ou non; en voici deux exemples. La statue de Pierre le Grand, à Saint-Pétersbourg, et celle de Henri IV, récemment posée.

La statue équestre de Pierre le Grand est posée sur un rocher de granit dont le statuaire a jugé à propos de jeter près de deux tiers, ou du moins la motié à bas, vraisemblablement à cause de son point de vue : outre qu'il s'est servi de l'écorché de l'académie dont il a copié les défauts comme les autres, il a de plus mis son cheval au galop sur une pente qui ne convient qu'en plaine ou au moins une pente douce. La tête du cheval qui gravit doit être portée bas, plus ou moins, suivant la pente, et le sien l'a trop élevée, ses jambes suivent la tête, et le tout marque une aisance qui ne convient qu'en plaine; au lieu que le statuaire aurait dû lui donner l'allure d'un terre à terre qui est un mouvement bas et tride, dans le genre de ces raseurs de tapis, et qui est un défaut dans le pays plat, mais indispensable dans un cheval qui gravit sur une montagne et qui est obligé de porter en avant le plus de masse possible pour ne point reculer. Mes observations furent débitées le même jour et le lendemain dans la ville; j'appris qu'elles avaient été portées au statuaire, et que plusieurs personnes de marque et de la cour, l'avaient engagé à avoir une conférence avec moi, ce qu'il promit, mais ce célèbre artiste partit cinq à six jours après pour Paris, où nous pensons qu'il était membre de l'académie.

C'est avec peine que pour l'instruction des élèves, nous nous trouvons obligés de citer les défauts essentiels de la statue d'Henri IV. Si les peintres et les statuaires ont besoin d'écorché, hé bien, qu'ils le prennent; mais que leur sujet ne présente qu'un simple décutanément et non une dissection. Quelques personnes qui nous ont fait observer que les artistes peintres et sculpteurs devraient se servir de notre myologie placée dans notre cours d'hippiatrique, sont dans l'erreur; car c'est une vraie dissection dans l'état de nature et qui ne leur conviendrait pas quoique cette pièce plaise à la vue.

Le moyen d'avoir un bon écorché est de faire sur le sujet, après avoir enlevé la peau, de simples et légères scarifications avec la pointe du scalpel sur la partie des muscles qui se joignent entr'eux, et de ne rien enlever de cellulaire. Mais quelles sont donc les parties que MM. les peintres de bataille veulent faire sentir? il n'y a que les portions de jambes dont nous venons de parler ci-dessus qui soient apparentes, et encore comme cela, ce ne sont pas les parties du thorax ou poitrine, ni celles du bas-ventre, toutes ces parties étant recouvertes de larges muscles peaussiers. Serait-ce l'encolure qui se compose de larges muscles retenus tout le long du ligament cervical, et dont la direction est de derrière en avant. Il en est de même des muscles fessiers et de ceux de l'épaule; et si des artistes ont trouvé ces muscles en contraction, c'est qu'ils ont pris pour modèle des chevaux maigres; et un pareil cheval n'est pas à prendre pour modèle; ainsi pour ne pas altérer la nature et pour la rendre telle qu'elle est, nous conseillons aux jeunes artistes de supprimer tout écorché quelconque et de s'en tenir dans toutes les allures, aux gonflements des parties contractées, qui se forment au centre, ne voyant rien de plus à exécuter.

Il nous reste à parler de la statue de Henri IV: notre intention de prime abord n'avait été que de présenter les défauts que les statuaires équestres copient servilement d'après l'écorché de l'académie. Mais en examinant l'ensemble du monument, nous trouvons que le cheval est plutôt un cheval de charrois qu'il n'est un cheval de selle; que Henri IV est placé et a son assiette sur le bassin, tandis qu'il devrait l'avoir sur les os ischions. Nous reviendrons sur ce qui peut regarder l'équitation.

Le cheval présente une allure de trot, cependant il est plus naturel que le monarque qui entre ou qui sort de sa capitale, prenne l'allure du pas. Quand ce serait au trot, la jambe du devant est trop relevée, soit qu'on attribue ce mouvement à la flexion de l'avant-bras sur le bras, soit qu'on veuille l'attribuer à celle du paturon sur le canon. La jambe opposée de derrière étant moins élevée que celle dont nous venons de parler, doit avoir moins de jetée en avant, ce qui doit pareillement obliger celle de devant à se ramener en arrière, et à raccourcir le mouvement de projection comme fait le cheval qui piaffe. Que le cheval dans ce mouvement soit au pas ou au trot, on n'y voit rien qui puisse déterminer une action quelconque; car les boulets des jambes qui posent à terre seraient portés un peu plus en avant, c'est-à-dire, que les os du paturon sortiraient de leur obliquité pour prendre la direction perpendiculaire. De plus, on devrait dans la tension générale des jambes qui sont dans le repos, apercevoir un petit frémissement qui annonce le mouvement qui va suivre.

Le jarret hors montoir a un captel très-marqué et qui paraîtrait bien davantage, si ce jarret n'était point lui-même ce qu'on appelle plein. Le boulet de cette même jambe représente un cheval bouleté: cette même jambe, depuis la pointe de la hanche jusqu'au jarret, présente des défauts qui tiennent non-seulement de l'écorché de l'académie, mais qui sont tout-à-fait inconnus de l'hippotomiste.

Ce qui frappe le plus, ce sont quatre tumeurs que l'on remarque en face du poitrail. Quel est donc l'anatomiste qui a pu poser de pareilles pièces? dans la construction naturelle on n'aperçoit qu'un rapprochement du corps charnu des longs muscles du col dont nous avons parlé ailleurs, qui passant et recouvrant l'articulation du bras avec l'épaule, forment l'arrondissement articulaire et laissent apercevoir une cavité qu'on appelle vulgairement la fossette du cou. Cette fossette est l'entrée du thorax ou poitrine où se trouvent les deux premières côtes qui sont immuables et qui, par conséquent, ne sont d'aucun usage dans la respiration. Ce cercle costal donne passage à deux canaux dont l'un est pneumatique ou qui sert à introduire et à chasser l'air du poumon, et qu'on nomme trachée-artère, et l'autre alimentaire, par où passent les aliments pour tomber dans l'estomac. Le premier se trouve en avant: il est composé de nombre de cercles cartilagineux unis ensemble par des membranes ligamenteuses et par les membranes dermatologiques. Ce canal n'est susceptible ni de contraction ni de dilatation. Le second est charnu, se reserre et se dilate; il est parsemé en outre d'une très-grande quantité de petites glandules qui filtrent une liqueur nommée œsophagienne, en raison qu'on appelle ce canal œsophage. Ce canal rampe le long des vertèbres du cou pour aller à l'estomac en partant du canal alimentaire. Ainsi nous demanderons toujours ce que veulent signifier ces deux autres grosseurs et tumeurs qui sont au-dessus des protubérances articulaires : cela est inconcevable.

La tête du cheval est non-seulement d'une mauvaise structure, mais elle pèche en ce que les paupières ne sont pas assez relevées, en ce que les globes des yeux sont trop renfoncés dans leurs orbites et sont sans vie. Que peut signifier une tête aussi penchée que celle-là? ne pouvait-elle pas être penchée à gauche sans perdre sa perpendiculaire? Voyez la situation des rênes, elles vous le diront ainsi que la main de Henri IV.

Ces remarques, nous n'avons pu les faire que du côté montoir, étant en face d'un des angles de la statue n'ayant pu nous placer ailleurs, c'est ce qui fait qu'il ne nous a été possible que de voir le devant de la statue et le côté gauche, et encore, comment? étant toujours obligés de calculer sur tous les points d'optique pour éviter toute erreur.

Nous sommes entièrement peinés d'être obligés de relever tant d'erreurs ; nous savons que le statuaire est avoué par ses confrères pour être du premier mérite. Quant à nous, nous le regardons comme ayant été obligé de suivre, comme ses confrères, l'écorché de l'académie, et même d'avoir pris des conseils de personnes qui n'avaient nulle connaissance du cheval : témoins les quatre tumeurs dont nous venons de parler, et qui ne se trouvent point dans l'écorché. Eh! pourquoi s'en tenir à cet admirable écorché ; peut-on trouver une position à cheval et un cheval pris dans la belle nature, autre que celle du célèbre écuyer Nestière ? quelle aisance de tenue, quelle main légère, quelle mollesse, quelle perpendicularité dans ses jambes ? etc.

Le maréchaux vétérinaires, ou pour mieux dire, les maréchaux hippiatres, à l'instar des *medici castratores*, ou médecins châtreux, ou opérateurs (*voyez* ce mot), doivent avoir une connaissance plus étendue de l'hippotomie que celle dont ont besoin les artistes et autres que nous avons cités. Ils doivent principalement s'appliquer à la structure du pied du cheval autant pour la ferrure que pour les maladies du sabot et les diverses accidents qui leur arrivent; ces accidents qui sont en très-grand nombre, occupent journellement les maréchaux et font, à bien dire, la base de leur état. Nonobstant cela, comme ils sont souvent consultés pour les achats des chevaux, ils doivent connaître la conformation extérieure du cheval, ses tares ou défauts naturels: cette connaissance préliminaire est la dermatologie, (*voyez* ce mot). Nous disons bien que ses instructions sont de la plus grande nécessité; mais avant tout, quels sont ceux qui enseigneront cet art? quel est le praticien assez instruit pour diriger ces études? c'est ce dont nous allons parler. C'est, dira-t-on, à l'école vétérinaire d'Alfort où le public peut aller, où le gouvernement envoye des maréchaux de compagnie de cavalerie. Sans doute cette école avait été annoncée comme devant être publique, mais son éloignement de la capitale, autant pour les maréchaux de Paris que pour les chevaux malades ou boiteux, a fait que ni les hommes ni les chevaux, n'ont pu profiter des avantages annoncés que devaient en retirer le public et l'école même, par l'impossibilité d'avoir des chevaux malades. Voilà dès raisons que j'ai alléguées nombre de fois avant que cette école fût établie, et qui tendaient à prouver qu'elle ne pouvait s'établir qu'à Paris où rien ne manque pour former des élèves dans les sciences et les arts.

Cette école ne fut point établie à Paris, par les petites raisons scientifiques que voici: Le directeur qui avait été avocat consultant, ensuite écuyer, (nous ignorons dans quel manége,) avait été placé par un nouveau ministre; ce ministre, épris des talents de son ami, lui donna la direction de cette école à établir. Comme ce directeur n'avait eu aucune connaissance de la maréchallerie, et que dans ce temps il lui eût été impossible de trouver un homme instruit, il plaça un garçon maréchal comme directeur en second. Peu de temps après, il parut dans le public, un ouvrage intitulé: *Eléments d'hippiatrique*, qui est l'ouvrage dont nous avons relevé les erreurs dans notre cours d'hippiatrique. Ce même ouvrage ayant paru ne pouvoir convenir ni aux élèves ni au public, l'auteur le retira de chez son libraire et en donna un autre sous le nom d'*Éléments de l'art vétérinaire*, quoiqu'il ne traitât que du cheval. Les erreurs de cet ouvrage furent également relevées dans notre *Dictionnaire d'hippiatrique*, et ce fut dans ce moment que ce directeur-général établit nombre de chaires pour l'enseignement de sciences absolument inutiles aux maréchaux pour ferrer et traiter les chevaux, et que la plupart des élèves ne pouvaient comprendre.

Ce fut dans ce même temps que les journalistes annoncèrent les grands succès de cette école, les grandes connaissances des élèves, et les cures qu'ils ne cessaient de faire dans toutes les épidémies qui survenaient. Ce qu'il y a de remarquable, c'est qu'un élève, du nombre de ceux qui avaient été envoyés dans les départements où cette maladie régnait sur les bœufs et les vaches, et qui n'avait que quatre mois environ d'école, fut celui que les journaux vantèrent le plus. A la vérité, c'était le plus beau temps de cette école; les particuliers de Paris et des campagnes y envoyaient en foule leurs chevaux malades. Ce fut après cette débacle d'élèves, que ces directeurs et professeurs commencèrent à nous déchirer de toutes pièces, dans le public, dans leurs séances, et même dans les journaux. Nous nous bornerons à ne citer ici que deux exemples, l'un qui s'est passé dans une séance particulière où se trouvèrent nombre de personnes de Paris, et l'autre qui est extrait des feuilles du véridique journaliste Fréron.

Le premier est dans une leçon de myologie où il fut question des muscles de l'épaule, où le célèbre professeur démontra que l'épaule, par conséquent toute la jambe, était soutenue par de forts ligaments, en ajoutant qu'il était étonnant que nous eussions avancé que cette épaule n'avait point de ligaments, et qu'il fallait que nous eussions deux taies bien larges sur les yeux pour ne pas les voir, et pour avoir avancé que le large muscle grand dentelé était le suspenseur du thorax ou de la poitrine, et qu'il fallait ne pas avoir la moindre connaissance d'hippotomie pour avancer de pareilles choses ; ce qui fit rire tout l'auditoire. Cette petite sortie s'étant répandue dans Paris, nous invitâmes plusieurs personnes, propriétaires ou amateurs de chevaux, à assister le lendemain à notre démonstration, à laquelle beaucoup d'élèves de l'école se trouvèrent.

Pour nous, nous prouvâmes ce que nous

avions avancé : qu'il n'existe pas de ligaments suspenseurs de l'épaule, et que ceux que l'hippotomiste avait présentés au public n'étaient qu'un gros paquet d'aponévroses tendineuses des muscles releveurs de l'omoplate qui sont recouverts par les muscles peaussiers qu'il n'a pas jugé à propos de disséquer jusqu'à leur insertion qui est au ligament épineux, partie cervical, partie dorsal, le long du garrot.

Ces ligaments ayant été démontrés par notre dissection être chimériques, nous passâmes à l'examen du large dentelé, comme faisant fonctions de suspenseur de l'épaule. Quelques élèves persistant à ne pas donner à ce muscle dentelé la propriété de suspendre l'épaule, quoiqu'ils fussent bien persuadés qu'il n'existait dans cette partie aucun lien particulier, nous leur demandâmes comment l'avant-main pouvait se soutenir, et nous leur démontrâmes que l'arrière-main était soutenu par la sphéricité du fémur dans la cavité cotyloïde; que le thorax n'était soutenu par aucune pièce osseuse, et qu'il fallait bien qu'il le fût par quelque chose.

Mais voici une chose qui n'est connue ni de ce professeur si renommé, ni même encore de personne; c'est que ce large dentelé est comme lardé de plusieurs bandes ligamenteuses, de la nature du ligament épineux, jaunâtres comme lui, insensibles comme lui, et pareillement susceptibles d'être fistuleuses jusqu'à ce qu'elles se soient minées entièrement comme de l'amadou, ce que nous avons observé dans nos campagnes de Hanôvre. Ces bandes ligamenteuses ont leurs attaches fixes dans la fosse scapulaire de l'omoplate, à toutes ces aspérités qu'on y remarque; et après s'être insinuées par bandes séparées dans le corps charnu de ce large dentelé, pour lui servir de soutien, elles se bifurquent encore en descendant pour aller s'insérer au sternum entre les dentelures du dentelé. Nous regardons ces bandes comme les soutiens et les coadjuteurs du dentelé, et cela est; car si ces bandes venaient à être anéanties, l'avant-main par sa pesanteur forcerait ce muscle à toujours être en tension, et alors le mouvement d'aspiration cesserait et l'animal périrait. Il est donc démontré que ces bandes ligamenteuses, conjointement avec ce large dentelé, sont les suspenseurs de tout l'avant-main; que l'épaule est supportée par l'os du bras, que celui-ci l'est par l'avant-bras, ainsi de suite jusqu'au sabot, qui lui-même, par son appui sur le sol, l'est non-seulement de la jambe, mais de l'avant-main entier lorsque la jambe opposée est en mouvement.

Cette observation est des plus importantes, et en voici une qui ne l'est pas moins. Nous avons remarqué, principalement dans les chevaux de grosses voitures et de bât, que plusieurs chevaux dont le dos et les reins étaient placés horizontalement, se trouvaient bas du devant avant l'âge de neuf ans. Cette remarque nous frappa et nous occupa beaucoup ; nous la fîmes sur un cheval de selle. Nous n'ignorions pas qu'un cheval peut devenir ensellé par l'âge, par le trop de charge, par un effort de la colonne épineuse, mais nous ne savions pas que des chevaux pouvaient devenir bas du devant. Enfin, après en avoir cherché la cause, nous pensâmes que ce défaut ne pouvait provenir que des épaules, et nous sommes présentement persuadés que cette cause vient d'un allongement des bandes ligamenteuses qui soutiennent le thorax, auxquelles la partie charnue a dû nécessairement se prêter et par conséquent obliger le thorax de descendre; et dans ce cas, la partie supérieure des épaules les rapproche l'une de l'autre, au point de surmonter le garrot quelquefois jusqu'à le faire disparaître.

L'autre exemple est tiré du journal de l'indulgent Fréron, et conçu en ces termes : « Le public est averti qu'il vient de paraître un ouvrage intitulé: *Cours d'hippiatrique*. Qu'on ne se laisse pas séduire par les titres fastueux dudit ouvrage, et qu'on ne s'en prenne pas aux écoles de ses mauvais succès, l'auteur est désavoué des écoles, n'y ayant jamais mis les pieds. « Notez, que nous avions, plusieurs années auparavant, donné notre *Guide du maréchal,* qui n'a été critiqué par qui que ce soit. Toutes ces chicanes ne cessèrent qu'à la mort du directeur en chef de l'instruction.

Tant qu'on ne transportera pas l'école d'Alfort à Paris, ou qu'on ne voudra pas en établir une dans la capitale, la maréchallerie restera dans le néant, et voici les conséquences que nous en tirons pour l'avantage du public : 1° la proximité ; 2° la multiplicité des maréchaux qui s'y sont établis, lesquels pourraient avoir chez eux un militaire maréchal pour s'y former dans la pratique de la ferrure et suivre leurs maîtres dans leur traitement des maladies ; 3° la faculté de suivre la théorie-pratique de tout ce qui concerne la maréchallerie, et même les jardins publics dont les plantes usuelles sont rangées méthodiquement.

Revenons un peu sur nos médecins opérateurs: auront-ils un atelier, ou n'en auront-ils pas? car pour opérer, il faut avoir une forge pour ajuster un fer qui ait rapport à la maladie du pied; et il est plusieurs de ces maladies où il faut avoir un travail pour ferrer les chevaux méchants, pour opérer et extirper des chairs: il faut avant tout savoir mettre un cheval dans ce travail afin qu'en se débattant il ne se blesse pas. Ce médecin, s'il va en ville ou à la campagne pour jeter un cheval par terre, pour mettre le feu à une jambe, ou faire une opération, portera-t-il tout son train avec lui, les différents cordages, entraves, colliers de force, médicaments et enveloppes, enfin tout ce qui concerne son appareil? Non, il l'aurait, qu'il ne s'en servirait pas, comme nous le voyons arriver souvent. Les uns se tirent d'affaire en conseillant au propriétaire d'attendre du temps la guérison, d'autres de mettre le cheval en pâture; enfin il en est qui lui conseillent de se défaire de sa bête.

Nous venons de voir que les élèves n'avaient pu faire des progrès dans la médecine ni dans la chirurgie hippique, faute de professeurs instruits dans cet art, et par le manque d'ouvrages imprimés. Voyons présentement si ceux qui sont sortis de l'école, et le nombre en est grand, et qui sont venus s'établir maréchaux à Paris, ont fait des progrès dans la ferrure et dans la chirurgie hippique. Ne pouvant juger de la pratique des maréchaux des régiments, nous en laissons la décision à MM. les officiers de cavalerie, et nous nous en tenons à ceux de Paris. *C'est à l'œuvre*, dit le proverbe, *qu'on connaît l'ouvrier* : entrez dans leur boutique, vous verrez chez la plupart, des fers mal menés, mal conduits, trop couverts, des étampures en pendants d'oreilles, des fers étampés trop gras ou trop maigre. Examine-t-on ces mêmes fers ajustés et posés sur le pied du cheval? bien rarement la tournure du pied est-elle prise, ce qu'il est aisé de voir, par des portions de muraille du sabot que le maréchal, avec son rogne-pied, a jetées bas, ce qui expose assez souvent le cheval à être piqué ou encloué lors de l'implantation des clous, ce qu'on nomme *brocher*; ou bien on voit ces mêmes fers déborder de la branche du dedans, ce qui expose le cheval à s'entretailler, c'est-à-dire, à heurter le boulet de la jambe opposée, et certes tout cela n'annonce pas une connaissance de la structure du pied.

Quant au traitement des maladies internes,

c'est toujours un vice dans le sang; c'est, disent-ils, un influx, un flux ou reflux des humeurs: leurs décisions, ajoutent-ils, sont toujours univoques ou équivoques; c'est avec tous ces grands mots qu'ils se tirent d'affaire. Les uns appliquent les vésicatoires ou les sétons, et tous, sur la partie qu'ils croyent être la plus affectée; les autres, comme dans l'ancienne maréchallerie, donnent indistinctement les cordiaux : il est plusieurs de ces maréchaux qui ne font rien, en cela ils ont raison; au moins ils ne contrarient point la nature, et assez souvent l'animal guérit quoiqu'ayant été jugé sans ressources. Ces mêmes maréchaux, dans les plaies et tumeurs, quoique la plupart soient bien montés en instruments, appliquent les onguents et se servent communément du feu pour l'une et l'autre maladie. Nous avons vu un de ces maréchaux, ancien élève d'Alfort, appliquer le feu sur une plaie au garrot; d'après cela qu'on juge quels sont les progrès qu'ils ont faits à leur école.

Ces maréchaux n'ont point de travail comme les anciens dans lesquels ils ferraient les chevaux indomptables et les opéraient dans les maladies; aujourd'hui ils jettent leurs chevaux par terre toutes les fois qu'il est question d'opérer. Cette manière qui ne donne aucune aisance, est même dangereuse: par exemple, quand on abat un cheval pour une plaie au garrot, le cheval se relève quelquefois boiteux, parce que les palfreniers ou ceux qu'on employe à tirer à la grande longe, la tirent par secousses; et quand le cheval résiste, ce qui arrive presque toujours, on force les articulations du boulet qui rendent l'animal boiteux. Le cheval qu'on jette par terre, cherche un point d'appui pour ne pas tomber, et il ne peut le trouver qu'avec sa tête, qui, si elle n'est pas soutenue par plusieurs palfreniers, laisse tomber l'animal sur ses dents; et assez souvent il se relève avec les dents de la pince hautes et basses plus ou moins fracturées, ce qui arrive quand la tête n'est soutenue que par un seul homme toujours facilement entraîné par le cheval.

Allons aux difficultés que le médecin, *medicus castrator*, éprouve: jette-t-il son cheval par terre pour un clou de rue dont l'os de la noix ou de la navette aura eté lésé? quelle aisance ce médecin aura-t-il pour dessoler le cheval qui sans cesse donne des secousses, attrape et même fait sauter en l'air l'instrument que tient l'opérateur? Ces difficultés sont grandes sans doute ; mais quelle difficulté n'aura-t-il pas quand, après la dessolure, il sera obligé de couper la moitié de la fourchette charnue pour fendre le tendon fléchisseur du pied, et atteindre l'os de la navette? quelle difficulté n'aura-t-il pas pour rattacher le fer qu'il doit avoir préparé avant que de jeter bas son cheval? on ne broche pas aisément la branche de dedans qui est collée sur les côtés; car nous supposons qu'il a eu au moins la précaution de se munir d'une plate-longe pour mettre la jambe dans la position dont nous parlons. Enfin pour finir, quelle difficulté, le fer étant attaché, n'aura-t-il pas pour poser son appareil? au moment où il mettra la traverse des éclisses, le cheval donnera une secousse qui enverra tout l'appareil à la figure des gens qui l'entourent, et même à celle de l'opérateur.

Voilà donc où en est cette pauvre maréchallerie après cinquante-deux ans d'établissement de l'école d'Alfort; de cette école qui devait donner à l'état des personnes instruites pour les régiments de cavalerie, pour les haras et les écuyers commandants de grandes écuries!

Serait-il donc écrit dans le livre des destinées qu'il ne se trouvera pas un ministre qui veuille bien prendre en considération cet objet qui est des plus importants pour la France? Dès notre plus tendre jeunesse, nous n'avons cessé d'entendre dire, et c'est la vérité, que les régimens étaient mal montés en raison de leurs armes, soit de cavalerie, dragons ou hussards, qu'il en était ainsi de la plus grande partie des haras par des défauts héréditaires qu'on remarquait à ces chevaux; que l'argent qui sortait du royaume était immense pour ne pas avoir mieux que chez nous. Nous ne parlons pas de quelques chevaux de choix qu'on nous a glissés de tout temps dans nos remontes pour faire passer sur ces remontes, et pour fasciner les yeux de MM. les inspecteurs dont les connaissances n'étaient pas plus étendues que les nôtres : d'un autre côté, nombre d'officiers se récriaient relativement à la conservation de leurs chevaux; ils se plaignaient que les maréchaux experts qu'on leur envoyait de Paris, n'avaient aucune instruction dans leur art. Les grands s'en plaignaient; mais personne, que nous sachions, n'a songé à y remédier; quand cela viendra-*t*-il? nous l'ignorons; nous ne pouvons rien faire de mieux que de présenter le plan d'*école* que nous avions mis sous les yeux du maréchal duc de Choiseul, en 1765: plan qui fut accepté, et qu'on commença même à mettre à exécution.

PLAN D'INSTRUCTION D'UNE ÉCOLE DE MARÉCHALLERIE.

La base de l'état d'un maréchal est de forger, et de ferrer les chevaux. S'il en est le médecin-chirurgien, c'est que personne ne pourrait les traiter sans être muni de tous les ustensiles de la ferrure, et que peu d'élèves de nos écoles voudraient se donner cette peine. Nous en avons de grandes preuves parmi nombre d'élèves d'Alfort qui ont quitté l'école pour se faire médecins ou chirurgiens; ainsi cet art curatif restera toujours aux maréchaux; mais comme ceux qui s'adonnent au métier de maréchal n'ont reçu qu'une éducation primaire, il ne leur faut qu'une instruction succincte de ce qui regarde le cheval : il en doit être de même de leurs démonstrateurs, qui ne doivent pas être des professeurs de sciences abstraites sans le moindre rapport avec le cheval.

L'école que nous proposons doit être publique comme l'école de chirurgie, excepté qu'au lieu d'avoir des salles de malades, l'école de maréchallerie aura des écuries. Cette école, autant que faire se peut, doit être placée au centre de Paris pour la facilité du public qui voudrait suivre les cours et les infirmeries, et le plus près possible d'un abreuvoir ou d'une rivière ou d'une fontaine publique, ce qui est indispensable. Comme cette école ne comporte point de cabinet d'histoire naturelle, de bibliothèque, encore moins de jardins et de parcs, on trouvera assez d'habitations, d'anciennes messageries, de manufactures, de marchands de chevaux etc., etc., où il sera facile d'établir les forges et de loger les employés de l'école, à moins que le gouvernement, ce qui serait très - nécessaire, n'y envoyât un maréchal par régiment de troupes montées dont nous avons parlé.

Les logements d'étude doivent consister en une grande salle ou amphithéâtre pour les maréchaux des régiments, ceux de la ville, et pour ceux qui voudraient s'instruire.

Une forge à quatre soufflets serait suffisante.

Des écuries pour une trentaine de chevaux, et pouvant en contenir quatre chaque. Les unes pour les chevaux boiteux, les chevaux blessés, ceux qui sont atteints de maladies aiguës et ceux qui seront seulement suspects. Ces écuries ayant leurs greniers et dépendances, une grande salle par bas, avec une grande hotte pour chauffer les plantes médicamenteuses et les dessécher avant que de les mettre dans les magasins, un droguier et ses vases.

Un travail garni de tous ses ustensiles, pour opérer les chevaux qu'on serait obligé d'y placer (*Voy. ce mot*).

Voici l'indication des personnes qui seraient employées à cet établissement : 1° un maréchal en chef chargé des cours d'hippotomie, et qui aurait la surveillance de toute l'école.

2° Un maréchal qui ferait les cours de pathologie ou de maladies, lequel serait chargé de traiter et d'opérer les chevaux de l'infirmerie.

3° Un chef de forge pour enseigner la théorie-pratique de la ferrure.

4° Trois palfreniers qui seraient employés à donner aide lorsqu'on mettrait un cheval au travail ou qu'on voudrait le jeter par terre ;

5° Un commis aux écritures ;

6° Un portier.

Nous pensons qu'une école qui pourrait être établie avec cette économie, serait dans le cas de former des élèves en état de diriger à leur tour d'autres écoles semblables dans les grandes villes du royaume.

Pour commencer l'établissement de la capitale, nous désirerions que l'on convoquât les maréchaux les plus notables, soit par leurs moeurs, soit par leurs talents, et que le gouvernement se chargeât de nommer ceux qu'il croirait capables de traiter une partie ou une autre, parmi celles que nous venons d'établir; il serait même nécessaire que, toutes les fois qu'il s'agirait d'une nomination, on suivît le même plan conjointement avec les instructeurs de l'école. On ne saurait mieux faire que d'être apprécié par ses pairs; et pour éviter les importunités de l'intrigue ou de la protection, il serait bon qu'au jour de la convocation, on ne donnât le mot d'ordre qu'au moment de commencer la séance.

MANIÈRE DE METTRE UN CHEVAL DANS LE TRAVAIL.

(*Voyez ce mot.*)

De tout temps les maréchaux se sont servis du travail pour opérer des chevaux blessés, mais principalement pour traiter les maladies du pied et souvent pour ferrer ceux qui étaient ramingues. La plus grande partie des maréchaux en avaient chez eux, ou dans leur cour, ou dans leur boutique même, et plusieurs dans la rue vis-à-vis leur maison. Il était peu de nos grands seigneurs et de nos financiers qui n'eussent chez eux un travail. Aujourd'hui, peu de maréchaux en ont, et ceux qui en possèdent en font peu d'usage, préférant de jeter le cheval à terre; et nous croyons en trouver la raison dans leur ignorance; ils craignent que le cheval ne sorte blessé par les liens qui le contiennent. C'est donc pour éviter tous accidents que nous exposons la manière de s'y prendre.

La première chose que le maréchal ait à faire, c'est de garnir le travail de tout ce qui est nécessaire pour l'opération qu'il va faire; car on sent bien que s'il a à opérer du devant, il ne doit point étaler les liens et ferrements qui ne servent qu'aux jambes de derrière. Tout ce grand appareil contentif doit être rangé par terre auprès du travail pour que dans un instant très-court le cheval soit garroté, et qu'il n'y ait que la jambe ou la partie à opérer de libre. Il doit en être de même de l'appareil chirurgical; les plumasseaux, les bourdonnets, les tentes, les bandages, chargés ou non de médicaments, doivent être tous rangés sur un plateau, et façonnés à raison de la plaie dont l'étendue ou la profondeur doit être présumée. Si l'opération doit être faite au pied, il faut, avant tout, préparer un fer de manière qu'on ne soit pas obligé de déferrer chaque fois, lorsqu'il est d'usage de lever un appareil tous les jours.

Tout étant en ordre, le maréchal opérateur, après avoir fait mettre au cheval un licol à deux longes, le fait entrer dans le travail, et l'attache aux deux montants de ce travail où les anneaux sont posés en avant, de manière à ce que la tête sorte presqu'en entier de ce même travail, et cela pour éviter que le cheval ne se blesse aux deux piliers; ensuite, on relève les soupentes, qu'on présume avoir été placées avant que de faire entrer le cheval; on relève les soupentes, disons-nous, mais on ne doit suspendre l'animal qu'au moment où on va lui lever le pied : est-il suspendu? on le contient de droite et de gauche par les bandes latérales des soupentes dont les traverses ont de chaque bout un quart de la longueur du cheval. Par exemple, le bout de la traverse du montoir de derrière, après avoir enveloppé le bas de la fesse, va s'attacher en dedans du poteau hors montoir ou côté droit; le bout du hors le montoir va pareillement en se croisant sur le bas s'attacher au poteau montoir. On agit de même pour contenir l'avant-main. Comme les soupentes ne se placent que pour soutenir la poitrine, le bas-ventre doit nécessairement tomber par terre, malgré les croisées dont nous parlons. Dans ce cas, on attache une longe à la queue du cheval, laquelle après avoir passé dans une petite poulie ou dans un anneau placé au haut du travail, vient s'arrêter en dedans d'un des piliers de derrière. Pour éviter que le cheval ne veuille se mettre à ruer, ce qui lui ferait hausser l'arrière-main, ou qu'il ne veuille se cabrer, on place la sangle dorsale au bas du garrot, et la sangle lombaire en devant des hanches. Dans le temps qu'on pose ces liens, un adjoint place les entraves ou les plate-longes dans le paturon, et va fixer ces liens aux anneaux qui sont placés au niveau du pavé et en dedans du travail. Tout étant ainsi arrangé, on suspend le cheval au moyen d'un cylindre qui sert de traverse, de manière à ce que les fers ne portent que légèrement à terre. Pour faire une diversion à la douleur, on place un torche-nez, et non des morailles qui blessent assez souvent les chevaux. C'est alors que l'opérateur, au moyen d'une plate-longe, fixe le pied de l'animal à la main de fer correspondante au pied qu'on veut assurer. L'opérateur doit mettre toute la célérité convenable pour dégager le cheval qui quelquefois s'abandonne ou entre en sueur, ainsi que pour lui ôter le plus tôt possible le torche-nez, pour éviter la gangrène qui s'établirait à la lèvre comprimée, ce que l'on a vu arriver, surtout en été.

MANIÈRE D'ABATTRE OU DE JETER UN CHEVAL PAR TERRE.

Le maréchal doit porter la même attention relativement à ses différents appareils, tels que fers, clous, instruments, médicaments et bandages : qu'ils soient tout prêts avant que de jeter le cheval à bas ; et pour ne pas être obligé de courir chercher ce qui lui manque, il doit encore avoir fait préparer une forte litière pour abattre le cheval. On commence donc à conduire l'animal sur un des bords de la litière, qui doit être celui sur lequel on veut l'abattre ; ensuite on lui met les entraves, de manière que les anneaux soient en dedans du cheval, et les boucles en dehors. Les entraves étant assurées, on prend une grande longe pourvue d'un œil pour rassembler les quatre jambes. Dans l'instant où l'on tire la longe, deux hommes se portent vers la tête du cheval, et la soutiennent pour éviter qu'il se casse les dents incisives. Le cheval étant à terre, on arrête l'union des quatre jambes avec la même longe ; ensuite on pose un torche-nez au cheval et jamais de moraillcs. Si le cheval est tombé sur le côté qui est convenable à l'opération, le maréchal arrête fixement les quatre jambes et fait son opération ; autrement on retourne le cheval dont les pieds sont arrêtés, en tirant la longe du côté opposé où il est.

Lors qu'un maréchal n'a point de travail, il se trouve souvent forcé d'abattre son cheval pour très-peu de chose ; pour nous, nous ne voyons dans la pratique ordinaire de cas où il faille jeter un cheval par terre, que la castration et l'application du feu aux jambes. Il arrive cependant qu'on est obligé d'abattre un cheval pour extirper des loupes, des squirres, des corps étrangers dans le fort des chairs, des balles, des éclats de bois, etc. ; du reste, les maladies des jambes et du pied doivent être traitées dans le travail, lorsque l'on en a ; la maladie l'exige, et alors on est sûr qu'on ne court aucun danger ; il n'est question que de suivre la marche que nous venons d'indiquer. Mais, toutes les fois qu'il faut mettre un cheval dans le travail ou le jeter par terre, pour cause de maladie du pied, on doit avant tout avoir arrangé son fer de manière à ce qu'il n'y ait plus qu'à l'attacher.

HOROSCOPE

DE

LA MARÉCHALLERIE VÉTÉRINAIRE.

S'IL existe en France un art mécanique qui, bien loin d'avoir prospéré, ait déchu de ses connaissances, nous dirons mieux, qui soit presqu'entièrement tombé, c'est sans contredit la maréchallerie vétérinaire. Quelle en est la cause? C'est ce que nous allons voir dans le cours de ces observations.

Dans cet exposé, nous établirons trois époques; la première peut partir du milieu du siècle dernier jusqu'à l'établissement de l'Ecole vétérinaire, qui eut lieu vers la fin de 1766 à 1767; la seconde, depuis cet établissement jusqu'au milieu de 1789; la troisième sera donc depuis cette dernière jusqu'au moment présent.

Le corps de maréchallerie, ou communauté des maréchaux, était formé de gens de deux sortes de métiers; les uns qu'on appelait maréchaux-ferrants, les autres maréchaux-grossiers. Les premiers ne ferraient que les chevaux et les traitaient dans leurs maladies; les seconds ne ferraient que des trains d'équipages, des voitures de tous genres, et n'étaient chargés que d'embatre des roues. Cette communauté, d'un accord unanime, demanda au corps de ville leur séparation. Les maréchaux-ferrants représentèrent que la seule raison qu'ils alléguaient, était celle de s'instruire dans leur art. Leur demande ayant été accordée, M. le procureur du roi, Delaville, fut celui qui les licencia.

Ce désir ardent de s'instruire qu'avaient les maîtres maréchaux, vint de ce que leurs garçons, auxquels nous donnions des leçons après leur journée finie, rapportaient à leurs maîtres ce qu'ils avaient appris. Nous avions alors borné leur instruction à la connaissance du pied du cheval et à ses différentes ferrures. Dans ce même temps, nous démontrions, les dimanches et fêtes, à messieurs les chevau-légers de la garde du roi, résidants à Versailles, la conformation extérieure du cheval, son âge, la structure de l'œil, la manière de juger sa vue, et notamment ses mouvements dans les diverses allures.

La plus grande partie des maîtres maréchaux m'envoyèrent leurs fils. Il se trouva que plusieurs de ces maîtres, voyant les progrès de leurs enfants, s'adonnèrent à ferrer eux-mêmes les pieds défectueux, tels que les pieds combles, ceux qui avaient des oignons, des bleimes, des seimes, des fourmillières, de faux quartiers, des sabots dérobés, de manière qu'en moins de deux ans, la ferrure généralement était changée; chaque fer garnissait, c'est-à-dire, que la branche de dehors débordait le sabot, et que celle de dedans se trouvait juste à la muraille; enfin on convenait que la ferrerie était bien menée, bien suivie à l'avantage des chevaux de maîtres et des propriétaires de chevaux.

Il n'en était pas de même du traitement des chevaux. Cette partie ne regardait que les maîtres; mais ceux-ci, faute de se procurer des ouvrages instructifs, suivaient la routine ordinaire, qui consistait à donner les cordiaux, les lavements, les orties, à faire des sétons au poitrail dans les maladies internes. Il est vrai qu'ils ne brûlaient plus la fève ou le lampas, mais ils conservèrent long-temps l'usage de donner des coups de corne de chamois dans cette même partie, soi-disant pour donner de l'appétit aux chevaux : erreur que nous avons signalée dans notre *Guide du Maréchal*, qui parut dans le même temps que s'établit l'Ecole vétérinaire.

On peut dire que le traitement des maladies externes répondait à celui que nous venons d'exposer. Leur grand cheval de bataille était l'emploi des quatre onguents chauds pour toutes les tumeurs ou grosseurs quelconques; les plaies fistuleuses, les boutons de farcin, et même les tumeurs de gourme, se traitaient avec le feu et les caustiques.

Malgré cette meurtrière pratique, quelques maréchaux acquirent une certaine réputation; et cependant il est de fait que ceux qui, par crainte de ne pas réussir, ou par crainte d'être blâmés, ne faisaient et ne donnaient rien à leurs chevaux, guérissaient plus que les autres.

Il ne restait donc aux maréchaux, à la fin de cette époque, que d'avoir l'école projetée dans la capitale, seul lieu où l'on pût former non-seulement de bons maréchaux hippiatres, mais de grands connaisseurs en chevaux propres à faire des remontes de cavalerie, et à gouverner des haras.

2e ÉPOQUE.

En 1764, M. le duc de Choiseul, ministre de la guerre, reçut du roi l'ordre d'établir à Paris une école de maréchallerie, pour les maréchaux des régiments de cavalerie, et généralement pour les troupes montées. Ce ministre, dont j'étais parfaitement connu, me fit appeler et me demanda un plan d'instruction et de localité convenable à instruire les élèves et à les loger; sur les salles, écuries, greniers, forges montées; en un mot, les logements des employés, etc. Ce plan lui fut présenté le lendemain. Deux mois se passèrent sans que j'en eusse entendu parler, lorsqu'un jour je rencontrai ce ministre chez madame la comtesse de Brionne; et ce fut en présence de cette dame qu'il m'annonça qu'il avait lu mon plan d'un bout à l'autre, mais que pour éviter de grandes dépenses, il ne voyait d'autre moyen que d'établir ladite école aux Invalides à l'aile qui fait face à la rue de Varennes, ou bien dans un côté de l'Ecole Militaire.

Les choses en étaient là depuis cinq semaines environ, lorsque je vis annoncer dans les journaux, que S. M. Louis XV venait d'établir un cinquième ministre ; et pour ne point faire de changement dans les départements des quatre autres, le roi lui donna celui des écoles vétérinaires, des fiacres de Lyon, et autres choses de cette importance, ce qui occasionna un bon mot qui se répandit dans le public, que c'était une cinquième roue à un carrosse. Ce ministre était M. Bertin, autrefois revêtu d'une charge de finances. Ce M. Bertin n'avait jamais pensé aux écoles vétérinaires, et en ignorait même le nom. Ce fut un nommé Bourgelat, d'avocat devenu écuyer, et auteur du *Petit Newcastle*, qui conseilla à M. Bertin de demander les écoles vétérinaires, ce qu'il obtint sur-le-champ, et ce qui, par parenthèse, fit beaucoup rire les autres ministres. M. Bertin, par reconnaissance pour les bons avis que lui avait donnés son ami, l'auteur du *Petit Newcastle*, lui donna la place d'inspecteur général des écoles établies et à établir. Ce Bourgelat n'était pas sans mérite, principalement dans la littérature, mais présomptueux, d'une hardiesse et d'une témérité sans exemple; donnant plusieurs ouvrages au public sous son nom, tandis qu'il n'en était pas un seul qui n'eût été fait par des mains étrangères. *Les Eléments d'hippiatrique* ont été faits par un médecin et un chirurgien de Lyon. *Les Eléments de l'Art vétérinaire* ont été faits par un autre anatomiste ; *les Proportions du cheval*, par un géomètre. On peut voir ce que j'en ai dit dans mon *Cours d'hippiatrique*, et dans mon *Dictionnaire*.

Cet auteur était si expéditif, qu'à peine les bâtiments commencés, le directeur, les professeurs de tous genres furent nommés et employés en attendant que les régiments eussent envoyé leurs maréchaux, ou, pour mieux dire, que les logements fussent prêts et les ateliers montés : ce qui n'était pas peu de chose, puisqu'ils consistaient en un amphithéâtre pour les démonstrations, en plusieurs salles d'hippotomie, en un emplacement pour les forges ; en plusieurs écuries, une pharmacie, un laboratoire de chimie, une salle d'instruments de physique, un très-beau cabinet d'hippotomie et d'histoire naturelle, avec plusieurs magasins, etc.

Je ne fus pas plus tôt instruit de la nomination des professeurs, que je remis au ministre de l'intérieur un mémoire sur cet établissement, indiquant tous les inconvénients qu'il présentait, et prouvant qu'il ne pourrait être d'aucune utilité, soit par l'éloignement de la capitale, le manque de moyens de se procurer tout ce qui convient à une instruction propre à former d'habiles maréchaux, soit par l'enseignement de plusieurs sciences, dont ils n'ont nullement besoin. J'assurai au ministre que cette école n'aurait pas le succès qu'on s'en promettait; ce qui est arrivé dans l'esprit public; et de fait, elle ne se soutient que par la grande dépense que le gouvernement veut bien faire. En voici une preuve, d'après une lettre envoyée au journal de Prudhomme, datée du 3 décembre 1789, et qui rend un fidèle compte de l'administration de cette école.

« Je jouissais fort paisiblement, Monsieur, il y a quelques mois, de 13,000 liv. de rentes que j'avais acquises, puisqu'il faut parler net, un peu trop facilement; je n'ai pas laissé cependant que d'être très-sensible au coup de ciseau de l'assemblée nationale, qui m'en a retranché 8500 liv. Le plus sage était sans doute de prendre son parti, et de ne voir que le bien général dans le mal particulier : je l'ai donc fait; mais ma plaie se rouvre cruellement, lorsque, dans mes promenades à pied, je me vois éclaboussé par quelqu'un de ces élèves heu-

ceux qui doivent tout à l'intrigue, à la protection de madame une telle, bonne amie de M. un tel, ministre, ou sous-ministre, ou chef de division, qui souvent est un sous-ministre engraissé à nos dépens, et qui s'obstinent à conserver leur embonpoint, au milieu de l'amaigrissement général. Il n'y a pas encore une heure que j'ai failli être écrasé par une voiture brillante, tirée par deux coursiers non moins brillants, et au fond de laquelle j'ai reconnu un ancien garçon maréchal, que j'ai vu autrefois dans la boutique de Lafosse père, où il ferrait le premier cheval que mes 13,000 liv. de rentes de triste mémoire nouvellement obtenues, m'avaient procuré. Cet homme, qui alors m'eût cédé avec grand plaisir toutes ses prétentions pour 1200 liv. de rentes, jouit aujourd'hui de plus de 25,000 liv. de traitement à l'Ecole vétérinaire, dont il est devenu, je ne sais comment, le directeur. Cette rencontre, en échauffant ma bile, m'a fait naître l'idée de vous parler un peu de cet établissement, à vous, Monsieur, qui vous faites un devoir de porter une verge de fer sur les abus de l'ancienne administration.

» Depuis vingt-cinq ans que l'Ecole vétérinaire est établie, elle a coûté à la nation plus de 6,000,000, malgré les réductions considérables qu'elle a éprouvées il y a deux ans. Elle coûte encore près de 150,000 liv. par an. En voici le détail.

» Chaque généralité est obligée d'envoyer à cette école un nombre déterminé de cent élèves, dont l'entretien, prélevé sur les fonds de la capitation, est de 500 liv., ce qui fait, pour la totalité, 50,000 liv. L'emplacement a été acheté 70,000 liv., dont l'intérêt est de 3600 l.; le gouvernement y réunit, il y a six ans, une ferme située dans la paroisse de Creteil, laquelle coûta 220,000 liv., et qui, depuis cette époque, a coûté 60,000 liv. et au-delà, de ce qu'elle a rapporté, ce qui fait par année une perte de 10,000 liv., qui, jointe à celle de 11,000 liv. d'intérêt du prix d'achat, forme la somme de 21,000 liv. Le trésor royal fournit en outre la somme de 72,000 liv.

Total 146,500 liv.

» Ce qu'il y a de plus curieux, c'est la distribution de ces 72,000 liv.

Au directeur général, pour ses appointements, la somme de. . .	12,000 liv.
Au directeur général, pour son secrétaire.	1200
Au directeur général, pour ses frais de bureau	1200
Au directeur général, pour ses légumes.	1200
Au directeur général, pour ses meubles, son linge, ses livres, etc.	1500
Au directeur général, pour ses chevaux, sa voiture, son cocher.	4000
Au directeur général, pour les appointements de son fils, âgé de dix ans, et qui en jouit depuis sa naissance, ainsi que du titre de sous-professeur . . .	600
Total	21,700

» Si à cette somme modeste de 21,700 liv. vous ajoutez, Monsieur, les petits bénéfices particuliers, qu'en langue vulgaire on appelle le tour du bâton, vous verrez que je ne me suis pas écarté de la vérité, en fixant à 25,000 l. le traitement de ce directeur.

» Vient ensuite le traitement du sous-directeur général, neveu du directeur général.

Pour ses appointements.	6000 liv.
Au sous-directeur, pour ses légumes	600
Au sous-directeur, pour ses meubles, linge, livres, ect.	600
Au sous-directeur, pour un cabriolet, un cheval de cabriolet, un cheval de selle, un domestique.	1500
Au sous-directeur, pour son fils, qui n'a pas encore quinze mois, et qui est revêtu d'une place de sous-professeur	600
Total	9300 liv.

» Voulez-vous, Monsieur, savoir maintenant de quelle manière sont traités les quatre professeurs, sur lesquels roulent tous les détails de l'instruction et de la discipline, qui, en un mot, sont la cheville ouvrière de la machine?

Au professeur d'anatomie comparée . . . . 600 liv.

Comme il n'est pas possible de subsister avec 600 liv., lorsqu'on a femme et enfants, M. Giraudot, qui a cette place, est obligé, pour vivre, de venir à Paris, dans l'intervalle des leçons, polir des bijoux.

Au professeur de botanique. 1000

Au professeur de pharmacie. . . . 1000

Au professeur des maladies, chargé du pansement de toutes les maladies 1000

Total . . . . 3600 liv.

» Vous sentez bien, Monsieur, que pour pareil prix on n'a pas des professeurs bien distingués; aussi ne le sont-ils pas. Ils font absolument tout ce qui se fait à l'école; mais tout se réduit à très-peu de chose; l'auriez-vous pensé, qu'il existât un établissement destiné à l'instruction, qui coûte à la nation près de 150,000 fr., et dont les professeurs n'ont pas à eux quatre, 4,000 fr. de traitement? Pour n'être pas vraisemblable, ce fait n'en est pas moins certain, et je ne crains pas qu'il soit nié : il suffit pour expliquer les autres désordres dans l'administration de cette maison, puisque personne ne veut travailler pour rien.

» Cet établissement a, selon moi, deux vices fondamentaux qui ne peuvent manquer tôt ou tard d'entraîner sa ruine ; le premier est d'être sous l'administration du contrôleur-général qui se décharge sur un maître des requêtes qui ne voit rien et qui ne cherche même pas à voir, et s'en rapporte à un commis qui ne s'en occupe pas davantage. Le second, c'est d'être éloigné de la capitale où l'instruction serait devenue commune à tous les sujets qui travaillent dans les boutiques des maréchaux, en rapprochant l'école vétérinaire de celles de chirurgie, du Jardin du Roi et du Collége royal. On aurait pu se dispenser de créer de nouvelles chaires pour toutes les parties communes aux deux médecines. Je suis persuadé qu'avec le quart de ce que coûte l'école vétérinaire, il serait très-aisé d'avoir à Paris une école qui présenterait quatre fois plus d'avantages : ce n'est pas là une supposition, mais une vérité confirmée par tous les établissements de ce genre formés en Allemagne, en Italie et même en France. On convient généralement que les sujets sortis de l'école vétérinaire de Lyon sont plus instruits que les sujets formés à celle d'Alfort. Hé bien, Monsieur, l'école vétérinaire de Lyon ne coûte que 14,000 fr., ce qui est un peu loin de 150,000 fr.

» Je sais que tous les étrangers qui viennent en France pour apprendre l'art vétérinaire, préfèrent l'école de Lyon où ils trouvent moins de matériaux, peut-être, pour l'instruction, mais, ce qui vaut bien mieux, des professeurs infiniment plus instruits.

Signé, CHAUSSART. »

Il y a cinquante-deux ans que l'école d'Alfort est établie ; il s'ensuivrait, d'après le calcul, qu'en vingt-cinq ans cette école a coûté trois millions trois cent trente-huit mille fr. environ. Qu'on ajoute ce qu'elle coûte au gouvernement, malgré deux réformes ; qu'on jette présentement un coup d'œil sur l'avantage qui en a résulté : la maréchallerie en est-elle meilleure, tant du côté des succès dans le traitement des chevaux malades, blessés ou boiteux, que dans la ferrure ? Qu'on le demande aux officiers des régiments ; les chevaux que la France comporte sont-ils mieux construits ? les différentes espèces ont-elles les conformations convenables et propres aux armes auxquelles on les destine ? Nos chefs de haras, ceux qui sont chargés de nos remontes chez l'étranger, ont-ils toutes les connaissances qu'ils doivent avoir? Non : dès que les professeurs eux-mêmes n'ont pas eu la connaissance du cheval, ils n'ont pu l'enseigner à qui que ce soit. C'est ce que nous avons dit dans la plupart de nos ouvrages, et dans nombre de mémoires au ministre de la guerre qui se plaignait des remontes, comme les capitaines se plaignaient des maréchaux, soit experts, soit ferrants.

En 1790, sollicité par plusieurs personnes, je fis imprimer, chez Potier de Lille, un mémoire intitulé: *Mémoire sur l'école d'Alfort*; je le présentai à l'Assemblée Constituante : après quelques débats, on passa à l'ordre du jour, et j'appris, trois jours après, qu'on avait vu les sieurs Bertin et Bourgelat qui allaient et venaient le jour du rapport de mon mémoire, et c'est à quoi je m'attendais bien.

3ᵉ ÉPOQUE.

Cette troisième époque fut long-temps la même que la seconde, quant à l'instruction ; les élèves attendant toujours les ouvrages promis par les directeurs généraux, mais qu'on retardait (m'a-t-on dit) par rapport à moi qu'on craignait de mortifier; ce qui annonce que mes ouvrages sont au moins de quelque valeur, ou que ceux qui voulaient ménager de la sorte mon amour propre, manquaient de connaissances, pour donner du meilleur, n'osant ni ne pouvant me copier. Nous remercions bien ces directeurs, mais ils auraient dû commencer par communiquer toute leur science à leurs élèves qui, depuis cinquante ans, sont comme des oiseaux tendant le bec pour avoir à manger. Cependant les choses ont bien changé. Bourgelat est mort, le ministre Bertin l'a suivi de près.

La place, comme on le pense bien, fut sollicitée par nombre de personnes. M. le maréchal de Castries écrivit sur-le-champ au ministre en ma faveur. Quoique je fusse attaché au corps de la gendarmerie, il m'engagea à partir pour Paris, me disant qu'étant lui-même sur son départ, il se rendrait tel jour chez le ministre, que j'eusse à m'y trouver; mais le maréchal ayant rencontré M. Bertin à Versailles, ce dernier fit beaucoup d'éloges de moi et lui prodigua de belles promesses. Le jour indiqué, je me présentai chez lui, de la part du maréchal, et la seule chose qu'il me dit, fut que cela ne sepouvait pas, que tous les professeurs offriraient plutôt leur démission que de m'admettre parmi eux, que j'étais un homme à tout changer; que les élèves même murmuraient beaucoup, les uns jetant leurs outils, d'autres ramassant leurs livres, et que lui, Bertin, n'entendait pas cela : ce sont ses propres paroles. Cette place fut donc donnée à un ancien élève de l'école qui, chose remarquable, est rentré une seconde fois à cette école, vraisemblablement pour s'y fortifier dans la science hippique.

Voyons maintenant si l'instruction a été meilleure, et si le gouvernement en a tiré quelqu'avantage. Au moment où nous sommes, cet ouvrage de pathologie, annoncé depuis tant d'années, a-t-il paru? non : s'est-il trouvé un seul professeur qui ait écrit quelque chose qui eût rapport à la maréchallerie? non. Nous ne connaissons qu'un ouvrage d'hippotomie dont les noms français ont été mis en grec, pour la plus grande commodité sans doute des maréchaux, dont plusieurs savent à peine lire et écrire.

Qu'a-t-on donc fait dans cette école depuis la mort du premier directeur? A-t-il paru quelques mémoires sur tant de maladies épizootiques? nous l'ignorons. Qu'a-t-on donc fait? On a créé des places ou brevets de médecins vétérinaires, *ordonnatores*, ce qui les dispense d'opérer. Il ne reste plus qu'à leur donner le doctorat, et la science cavalline sera, comme nous l'avons dit, à son *nec plus ultrà*, et rien de plus.

Que de papier, que d'encre, nous aurions à employer, relativement à l'instruction de cette école! Mais nous nous bornerons à rapporter un fait qui mettra dans tout son jour la manière de donner les places, et qui fera voir combien les ministres de l'intérieur de ces temps de douleurs étaient abusés par leurs sous-ordres.

Un directeur général, loin de favoriser les progrès de la maréchallerie, obtint une ordonnance du ministre qui portait que quiconque n'aurait pas été à l'école, ne pourrait exercer son art à Paris, et même s'il n'avoit pas subi des examens. Ce qui surprendra tous les gens sensés, c'est de voir qu'il a encore su obtenir du ministre qu'il serait établi des professeurs pour former des médecins vétérinaires; mais les discordes qui se sont élevées sans cesse entre les professeurs et ce directeur général, et celles qui régnaient entre ces professeurs, ont occasionné un dégoût marqué de la part des élèves; la lettre ci-après est péremptoire.

Une personne qui occupait une place importante, et qui me connaissait depuis long-temps, vint me proposer, de la part d'un chef de division du ministère chargé des écoles vétérinaires, d'occuper une des deux places de professeurs qui étaient vacantes, en me disant que depuis long-temps, il était question de changer cette école, à commencer par le chef jusqu'au dernier instructeur. Je répondis à cette personne, que je ne prendrais aucune place que celle de chef d'instruction, ne voulant être responsable que de mes talents. Le lendemain, je vis ce chef qui, par des raisons satisfaisantes, m'engagea à prendre une de ces deux places; mais je lui objectai que l'exercice de l'une ne pouvait pas aller sans l'autre, et que définitivement elles devaient être exercées par la même personne, en raison de la manutention. Ce chef sentit très-bien mes raisons, et finit par me dire que le ministre avait prononcé en ma faveur. Flatté du choix qui avait été fait de moi pour remplir cette place, je l'acceptai. Je fus donc voir ce ministre avec la personne qui était venue me la proposer. Comme c'était un jour d'audience, il nous quitta, paraissant être satisfait de mes observations, et en me disant d'être tranquille. Quelques jours après, la personne de marque avec laquelle j'avais été chez lui, reçut la lettre suivante :

COPIE DE LA LETTRE DU MINISTRE.

« Je n'ai pas perdu de vue, mon cher et ancien collègue, la proposition que vous m'avez faite de placer le sieur Lafosse à l'école vétérinaire. J'ai cherché à en assurer le succès, en préparant les autres membres de cette école à une disposition que je savais ne leur pas convenir: mes efforts ont été inutiles; je trouve dans les professeurs et dans les élèves même, une prévention contre M. Lafosse qui me paraît invincible. On le regarde comme le détracteur de cette école, dont il m'a demandé plusieurs fois la suppression. Il me paraît impossible qu'il puisse y être en harmonie avec ses collègues. Cet établissement a tant souffert des discordes qui y ont continuellement régné, et que j'espère bientôt anéantir, qu'il serait souverainement impolitique d'y en introduire de nouveaux éléments.

Je renonce donc à employer les talents de M. Lafosse, auxquels j'aime à rendre hommage ; je crois que je lui sauve des tracasseries, des contradictions, des orages même, que son âge lui rendrait bien pénibles. Je ne l'empêche pas de se présenter au concours, s'il veut prendre ce parti : sans doute que sa réputation l'en dispense, mais le faire entrer sans concours, est un acte d'autorité qui tendrait même à multiplier les obstacles qu'il doit rencontrer, et à rendre sa position aussi pénible pour lui, qu'inutile à l'école vétérinaire.

Je crois donc lui rendre service en cherchant toute autre occasion de lui prouver mon estime, et à vous, mon cher et ancien collègue, l'attachement et la considération que je vous ai voués. Veuillez bien en agréer les sincères assurances.

Signé, CHAMPAGNY.

Je ne m'attendais pas à une pareille réponse, de la part d'un ministre aussi éclairé que l'était M. de Champagny ; je suis donc forcé, pour démontrer la vérité de mes observations, d'en faire de nouvelles à sa lettre.

1° Je n'ai jamais demandé à être placé à l'école vétérinaire, ni par écrit ni verbalement. Je défie qu'on trouve dans aucun bureau des ministres, et notamment dans ceux de l'intérieur, que j'aie fait la moindre démarche.

2° J'ai été employé par S. M. Louis XVI, en septembre 1791, comme un des quatre inspecteurs-généraux des remontes de la cavalerie. J'ai ensuite été nommé inspecteur-général en chef de ces mêmes remontes et des troupes montées, et certes on ne trouvera aucun mémoire de sollicitation; il y a mieux, j'ignore encore quelles sont les personnes auxquelles je dois les places que j'ai remplies.

Sans doute, le ministre devait bien s'attendre à cette réticence; mais comme ministre, il lui était très-facile de la surmonter, et c'était un de ses devoirs. Avait-il des doutes sur mes talents? n'aurait-il pas dû se faire instruire de ma capacité par des officiers de cavalerie, par les maréchaux de Paris et les amateurs de chevaux? Qu'a vu et entendu le ministre dans tout cela? des gens intéressés à conserver leurs places ou qui craignaient d'être obligés de changer leurs doctrines. Cette réticence ne venait pas des élèves ni de la plus grande partie des professeurs, mais d'un seul homme. Un ministre qui est convaincu qu'une chose ne vaut rien, doit et peut ordonner son changement sans s'en rapporter aux gens intéressés à ce qu'une chose mauvaise soit conservée; et jamais une prévention n'a été une certitude.

3° Je n'ai jamais été détracteur des écoles. Un particulier qui sacrifie sa fortune pour tirer un art du chaos et qui, à ses dépens, cherche tous les moyens d'être utile à sa patrie pour mériter son estime, n'est pas un détracteur.

4° Je n'ai jamais parlé de l'école de Lyon, mais j'ai donné plusieurs mémoires contre celle d'Alfort ; j'ai dit, dans le temps même de son établissement, qu'elle ne réussirait pas par la raison de son éloignement de la capitale, par l'impossibilité d'y conduire des chevaux malades ou boiteux ; par l'impossibilité, pour ceux qui voudraient s'instruire, et notamment les garçons maréchaux, de faire quatre lieues chaque fois pour entendre des leçons, devant enlever pour cela à leurs maîtres une partie de leur journée, ce qui mettrait ceux-ci hors d'état de pouvoir satisfaire le public, et cette perte serait d'autant plus grande pour eux que le manque total de connaissances dans la maréchallerie vétérinaire de MM. les professeurs ne pouvait les en dédommager.

Voilà ce que j'ai constamment dit et annoncé dans le mémoire imprimé en 1791, chez Potier de Lille, auquel j'ai déjà renvoyé, et dans lequel j'ai prouvé d'une manière positive que l'avantage que l'état en retirerait, serait nul pour les maréchaux et les autres personnes auxquelles la connaissance de l'hippiatrique est indispensable.

5° Il n'y pas de doute que je n'aurais point été en harmonie avec MM. les professeurs, notre doctrine étant toute différente, par la raison assez simple que ces messieurs ignorent tout ce qui regarde le cheval.

6° M. de Champagny convient que ces établissements ont souffert des discordes qui y ont constamment régné, et qu'il espère bientôt anéantir; c'est ce que m'avait dit ce chef de de division, ce que je prévoyais depuis long-temps devoir arriver. Il était donc nécessaire dans le principe d'arrêter ces discordes qui ont été si préjudiciables à l'enseignement et aux gens paisibles; et dans ce cas, une telle place ne me convenait pas.

7° Quand les éléments d'une science ou d'un art sont mauvais, je crois qu'il est impolitique de ne pas en adopter de meilleurs.

8° Ces mauvais éléments ont été la source des discordes, des tracasseries, des contradictions et même des orages que je savais devoir m'arriver; ce furent deux élèves qui m'étaient attachés, qui vinrent me conseiller de ne pas paraître à l'école, et qui m'annoncèrent que si j'avais le malheur d'y mettre le pied, je courrais de très-grands risques, que les chefs étaient outrés contre moi ; mais ils me protestèrent que les élèves étaient tous en ma faveur et que même ils n'avaient eu aucune connaissance de ce que les chefs tramaient ensemble depuis qu'ils étaient à l'école. Ces deux élèves étaient chargés du traitement des chevaux malades et blessés, sous la direction du directeur de l'école.

9° Je remercie infiniment M. de Champagny de m'avoir permis de me présenter au concours : passons sur cette mortification ; dans le cas où je me fusse présenté, est-il un individu qui n'eût été persuadé que j'aurais été rejeté comme ignorant et comme un homme inepte? Voilà ce qu'on appelle une bonne patente aux chefs pour aller leur train : aussi le suivent-ils toujours.

RÉSUMÉ.

Dans cet exposé horoscopique, j'ai commencé à donner l'état où se trouvait la maréchallerie vers le siècle dernier : j'ai dit que ceux qui l'exerçaient formaient deux corps distincts, réunis en une même communauté; les uns, ferrant et traitant les chevaux, et qu'on appelait maréchaux ferrants; les autres, ne ferrant que les trains d'équipages, et qu'on appelait maréchaux grossiers, parce qu'ils faisaient de gros ouvrages. Les premiers, voulant se perfectionner dans leur métier, obtinrent leur séparation du corps de ville. Ils s'adonnèrent ensuite à l'étude de l'anatomie du cheval. Je démontrais à cette époque aux chevau-légers, et je donnais en même temps des leçons aux garçons et aux fils des maîtres maréchaux. Ce zèle qu'ils montraient à suivre mes leçons m'engagea à demander au ministre de la guerre, M. le duc de Choiseul, l'établissement d'une école à Paris, pour ces maréchaux et ceux des régiments de cavalerie ; ce fut aussi dans ce même temps que M. Bertin en établit une à Alfort ; et c'est de cette école que nous parlons. Nous avons divisé ce précis en trois époques.

M. le maréchal de Choiseul fut le premier qui reçut l'ordre d'établir une école à Paris, où chaque régiment de cavalerie aurait envoyé un élève.

Bourgelat, ayant été instruit du projet du maréchal, fut trouver M. Bertin, et lui donna le conseil de demander à Louis XV à avoir dans son département les écoles vétérinaires. Ce ministre ayant obtenu sa demande, plaça son ami l'avocat, qui se disait écuyer ou homme de cheval, à la tête de cette école. Celui-ci en confia la direction à un garçon maréchal ; et de suite les professeurs de tous genres furent employés avant que les bâtiments fussent prêts, et que les ordres fussent donnés aux régiments de cavalerie d'envoyer leurs élèves. Tout étant disposé, je répétai, dans un mémoire imprimé, que cette école, malgré tous les efforts que faisait le mnistre, ne pourrait pas se soutenir, par la raison de son éloignement, et pour les chevaux malades et pour le public qui voudrait s'instruire. J'annonçai pareillement sa chute par la raison qu'on enseignait aux élèves tout autre chose que ce qui regardait leur état de maréchal. D'ailleurs, les professeurs ne pouvaient rien faire de plus, ignorant entièrement le métier qu'ils devaient enseigner aux autres.

L'ignorance profonde de messieurs les professeurs, d'ailleurs très-instruits et très-capables d'enseigner de jeunes élèves médecins et chirurgiens, a été cause que tous les étudiants volontaires et ceux que les souverains y ont envoyés, ont quitté cette école : le plus grand nombre même a quitté la partie vétérinaire, pour s'adonner à la médecine ou à la chirurgie humaine : et cette école, qui dans les premiers temps abondait en élèves étrangers, en chevaux malades dont les journaux annonçaient les guérisons ; cette école dont on vantait les élèves et leurs succès dans les épizooties, est aujourd'hui dans une décadence marquée ; et la lettre du ministre nous fait assez connaître les causes de l'état où se trouve l'instruction qu'on peut y puiser.

Ces désordres ont eu pour principe l'intrigue des inspecteurs et directeurs de cette école, qui, pour se maintenir en place, à l'aide de quelques chefs de bureaux, ont fait adopter par les ministres des innovations destructives de la maréchallerie. Et ce malheur est dû à deux hommes qu'on ne peut regarder que comme les Mandrins de la maréchallerie vétérinaire.

TABLE EXPLICATIVE

De quelques termes techniques, en forme de vocabulaire.

A

AMBLE. *Voyez* TRAVAT.

APPENDICES. Ce sont des suppléments de muscles, formant autant de petits muscles particuliers, qu'on pourrait bien appeler *multiceps*. Ces muscles se présentent comme des lames couchées les unes sur les autres, arrangées de même que des tuiles, et dont le nombre est de quarante-huit dans le cheval.

AUBIN, allure défectueuse dans laquelle un cheval galope du devant et trotte du derrière; ce qui prouve assez souvent la faiblesse.

B

BALLOTTADE. *Voyez* CROUPADE.

C

CARDINALEUR. Terme de maréchallerie, qui est très en usage pour dire qu'un maréchal, au lieu de mettre un fer neuf, en pose un qui a servi, en le retampant du côté de la contre-perçure, et en le rajustant comme un neuf.

CABRIOLE. (la) Le pas et le saut, et même la courbette, tous trois airs relevés, n'auraient jamais dû être enseignés dans les manéges, n'étant d'aucune utilité, mais étant au contraire quelquefois dangereux, et bons tout au plus à faire valoir l'étendue des connaissances de l'équitation et celles du chef de manége.

CENTRIFUGE. Mouvement qui tend à s'écarter du centre d'un cercle, lorsqu'un cheval qu'on fait trotter à la longe, tend, par son mouvement, à sortir du cercle, c'est-à-dire, qui fuit le centre.

CENTRIPÈTE. Mouvement qui tend à se rapprocher du centre. Ce qui est bien le contraire de celui de centrifuge, et qui ne peut avoir lieu dans un cheval qu'on fait trotter à la longe. Ce mouvement ne s'entend que de l'aplomb du cavalier sur le cheval.

COCCIX est la terminaison de l'épine de l'homme, placée à une distance de deux pouces des os ischions. La queue du cheval est un coccix prolongé.

CONDYLE. Eminence d'un os arrondi et un peu aplati.

CONDYLOÏDE. Qui approche du condyle.

CONDYLOÏQUEMENT. Même chose que condyloïde.

COURBETTE est le mouvement le plus marqué des airs relevés de mézair et de pesade. *Voyez* PESADE.

CROUPADE (la) est une incertitude du cheval dans ses pieds de derrière, et devient une ballottade pour ceux de devant.

CUTANÉE. On appelle ainsi la peau. Corps cutané est la peau.

D

Décutaneur est celui qui enlève la peau ou l'épiderme; car ces deux derniers mots sont synonymes. En un mot, nous employons le mot de décutaneur au lieu de ceux d'écorcheur et d'équarisseur, ce dernier n'étant applicable qu'au charpentier, qui équarit, etc. Ces mots, très-abjects, paraissent ne plus convenir à plusieurs maréchaux, qui font aujourd'hui des ouvertures de chevaux en hippotomistes.

Dentiforme. Qui a la forme, ou qui approche d'une dent.

Dermalogie, ou discours sur la peau. C'est la connaissance des divisions du cheval en avant-main, en corps et en arrière-main, de ses subdivisions et des noms de toutes les parties que renferment ses subdivisions extérieures.

Diagonale. On appelle ainsi une ligne qui partage un carré long d'un angle à l'autre opposé, dont la pente est oblique.

E

Entraye, espèce de collier de cuir qu'on pose aux paturons des chevaux, soit qu'on veuille les mettre dans le travail, soit qu'on veuille les jeter par terre. Elle est composée d'une boucle et d'un anneau de fer, dans lequel on fait passer la plate-longe, pour rassembler les quatre jambes ensemble.

Epiderme et peau sont la même chose, ainsi que le corps cutané.

Epiphyse, os qui est situé sur un autre, et qui s'y soude avec l'âge. Les épiphyses ne se remarquent guères qu'aux os des jambes ou aux vertèbres.

ENTREPAS. *Voyez* TRAQUENARD.

G

GRAVITÉ (centre de) est un corps qui tend ou qui pèse sur un point, qui est le centre où se trouve la résistance : par exemple, le milieu d'un cercle qu'on fait. Le point du milieu est censé être le centre de gravité, comme les raies d'une roue tendent vers l'essieu.

H

HIPPIATRES, médecins opérateurs de chevaux.

HIPPOTOMIE, dissection du cheval.

M

MÉDECINS OPÉRATEURS. Les médecins formaient anciennement trois classes d'officiers de santé ; les premiers étaient les *medici ordonatores*, ou les médecins ordonnateurs ; les seconds étaient les *medici castratores*, ou médecins châtreurs, ou opérateurs, c'étaient les chirurgiens ; les troisièmes étaient les *medici servi*, c'est-à-dire, les apothicaires. Nous pensons que depuis ce temps le mot *châtrer* a été remplacé par celui d'*extirper;* car la châtrure est réellement une extirpation. Nous avons vu encore ces opérateurs en boutiques, avec trois palettes, au-dessus desquelles on lisait : *Consilioque manuque*. Ce qui signifie, et par le conseil et par la main.

MÉZAIR. Même dénouement d'allure que dans la pesade. *Voyez* ce mot.

MYOLOGIE, ou discours sur les muscles.

MUSCLES. Ce sont les chairs rougeâtres qui font mouvoir les os.

O

ORBICULAIRE, qui est rond.

ORBITE. Cavité osseuse, dans laquelle est situé l'œil.

ORTIES. C'est l'action de fendre la peau du poitrail, et placer entre la peau et la chair une rondelle de cuir pour attirer la suppuration, ce qui est une mauvaise méthode; parce qu'il ne se trouve pas de tissu-cellulaire propre à procurer de la suppuration dans l'endroit où l'on place l'ortie.

OSTÉOLOGIE, ou discours sur les os.

P

PAS-D'ANE, instrument de maréchallerie, pour ouvrir la bouche d'un cheval, à qui on va donner un breuvage.

PESADE est un air où le cheval lève le devant sans quitter le sol de ses pieds de derrière. C'est un mouvement d'impatience ou de gaîté qui le lui fait faire; ce qu'il est aisé de voir à la distribution des fourrages, et principalement à celle de l'avoine.

PLATE-LONGE. Corde dont on se sert pour opérer ou pour ferrer un cheval, soit en liberté, soit dans le travail, soit à terre. Il en est de grandes et de petites. Toutes sont plates à un bout, ayant une espèce d'anneau qu'on appelle œil; le plat de cette longe est d'environ six à sept pouces de longueur. La largeur est en raison des brins que la corde comporte. On la façonne ainsi, parce qu'étant ronde elle pourrait scier le paturon du cheval, qui sans cesse est en mouvement.

POLY-CORNU. Terme d'hippotomie, que nous avons donné à des muscles qui ont plusieurs tendons, ou aponévroses tendineuses, à l'instar des muscles biceps, qui sont ceux qui ont deux têtes.

PRONATION. On appelle mouvement de pronation celui par lequel on tourne la main, de manière que la paume de la main soit tournée vers la terre.

R

RAMINGUE. Cheval qui résiste à toutes sortes d'aides, et qui se défend.

RECLOUTEUR. Terme de maréchallerie. On appelle ainsi un maréchal qui ne sait pas son métier, et qui n'est propre tout au plus qu'à mettre des clous dans les vieux trous, comme le font la plupart des cochers.

ROTATEUR. Qui fait tourner ou qui tourne lui-même sur pivot.

S

SPHÉRICITÉ. Qui approche d'une sphère, ou de la forme d'une boule.

SUPINATION. On appelle mouvement de supination celui par lequel on tourne le dos de la main vers la terre.

T

TECHNIQUE. Mot qui appartient à un art quelconque.

TRAVAIL. Machine contentive dans laquelle on fait entrer un cheval pour l'opérer, ou pour le ferrer lorsqu'il est difficile et rétif. C'est une charpente composée de dix pièces à tenons et mortoises, de la longueur de cinq pieds de dedans en dedans des piliers; de la hauteur de sept pieds et demi, à partir du pavé, sans compter trois pieds qui doivent être en terre; de la largeur de près de deux pieds de dedans en dedans des piliers. Cette charpente est composée de quatre piliers et de six traverses. Les piliers doivent avoir en tout sens huit à neuf pouces de largeur d'équarissage; les traverses un peu moins si on veut. De ces six traverses, quatre qui sont les plus hautes, sont à tenons et mortoises. Les deux autres, au-dessous sur les côtés, sont des rouleaux pour suspendre le cheval, quoique l'usage soit de n'en mettre qu'un; en quoi on a tort, parce qu'en suspendant le cheval on fait tourner sur le côté, ce qui n'arrive pas avec deux. Outre cet assemblage fixe, il y a pour les deux côtés, deux longues traverses qu'on pose et qu'on ôte à volonté, et qui servent à contenir le cheval, à empêcher qu'il ne se porte à droite ou à gauche.

Les ferrements sont les mains, les anneaux, les crochets et le pas-d'âne. Les mains sont de forts morceaux qu'on place et qu'on ôte à volonté, et qui servent à assujétir le pied qu'on lève pour être opéré. Il n'y en a qu'une, faite en forme d'un L pour les jambes de devant. Celles de derrière sont au nombre de deux, percées carrément pour faire passer une barre de fer arrondie, au moyen de laquelle, aidé de la plate-longe, on lève le pied de derrière.

Les anneaux sont au nombre de seize. Quatre pour les pieds, qu'on place en dedans des piliers; quatre pour maintenir les soupentes de droite et de gauche, deux pour le licol à deux longes; un pour l'élévation de la queue, deux pour le garrot, deux pour maintenir la croupe, et un pour un gousset qui soutient le pas-d'âne. Huit crochets qu'on attache aux deux cylindres pour placer les porte-agraffes des soupentes.

TRANSTRAVAT. Vieux terme d'équitation, qui est encore en usage, pour dire que dans le pas ou dans le trot, le cheval décrit une ligne diagonale, en levant une jambe de devant et une de derrière, opposée à celle de devant.

TRAQUENARD. Mouvement défectueux fait par un cheval, qui le quitte pour en prendre un autre, et qui passe alternativement du pas au trot; se berçant comme s'il voulait se mettre à l'amble. Cette allure annonce presque toujours que le cheval est usé.

TRAVAT signifie, comme nous l'avons dit, une allure défectueuse, dans laquelle le cheval trottine des deux jambes du même côté: c'est ambler, aller l'amble.

TRIDE. Mouvement prompt et bas de terre.

TUMEUR. Elévation quelconque qui existe sur l'habitude du corps. On a distingué les tumeurs en naturelles et en accidentelles. Les premières occupent particulièrement les étudiants; les tumeurs accidentelles sont du ressort du maréchal, parce qu'elles sont une maladie. Il y a des tumeurs inflammatoires, œdémateuses, squirreuses et osseuses, etc.

FIN.

TABLE DES MATIÈRES.

FIN DE LA TABLE.

De l'imprimerie de C.-F. PATRIS, rue de la Colombe, quai de la Cité, n° 4.

ERRATA.

Page 49, tourel, *lisez* : le touret.
Page 54, ébranlement des reins, *lisez* : de ses rênes.
Page 61, par quelle main elle s'opère, *lisez* : par quel moyen.
Page 64, que les appendices, *lisez* : que des appendices.
Page 65, membrane névrotique, *lisez* : aponévrotique.
Page 66, dermatologie, *lisez* : dermalogie.
Page 68, maréchal hippiatrique, *lisez* : hippiatre.
Page 70, que par le devant, *lisez* : que pour le devant,
Page 76, captel, *lisez* : caplet.
Page 78, dermatologique, *lisez* : dermalogique,
Page 79, nestière, *lisez* : nestier.

www.ingramcontent.com/pod-product-compliance
Ingram Content Group UK Ltd.
Pitfield, Milton Keynes, MK11 3LW, UK
UKHW020340230726
13925UKWH00003B/885